各界第一人者２５人による

今こそ
お寺に
言いたいこと

『月刊住職』編集部 編

興山舎
KOHZANSHA

はじめに ——あまりにも近くて遠いお寺へ

まず、目次をご覧いただきたい。ここに掲載の著者は、政治家、俳優、画家、科学者、作家、冒険家、ジャーナリスト、評論家、タレント、音楽家、武道家、等々、みな各界で活躍されている一流の人である。こうした見識豊かな二十五人の方々がそれぞれ、今日の「お寺」や「お坊さん」や「仏教」に向けて忌憚のない思いや率直な要望を綴っている。

たとえば、元総理大臣菅直人氏は《歩きお遍路と福島原発事故》、横尾忠則氏は《因果応報や魂の話をもっとしてほしい》、中村桂子氏は《同志としての住職への呼びかけ》、養老孟司氏は《お坊さんという壁》、姜尚中氏は《お寺のない地域社会は考えられない》、上野千鶴子氏は《コミュニティカフェとしてのお寺》、町田康氏は《強烈な現世否定の話を聞きたい》などと、筆者からも、また見出しからも、おそらく類書のない内容といえるのではないか。

それにしても、なぜこうした稀な本ができたかといえば、弊社が刊行している『月刊住職』による。小誌はわが国の伝統仏教全宗派、約七万五千カ寺の寺院住職や僧侶を読者として、一九七四（昭和四十九）年に創刊された実務情報誌だ。いち時誌名を『寺門興隆』としたこともあるが、四十四年にわたって編集報道方針は一貫して変わらず、全国津々浦々にある仏教寺院の日常的な活動や紹隆に役立つあらゆる分野の情報を提供し続けている本邦唯一といっても過言ではない寺院住職向け月刊誌である。この小誌に二十八年前、創刊二百号を機して「寺院住職に直言提言する」という連載欄を設け、以来、毎号、主に二人の著名な方にご寄稿いただいている。すでに六百人を優に上回る方々の玉稿は、仏教や寺院住職への親切な激励であったり、手厳しい叱咤であったり、なおざりにされがちなことであったり、思いもよらぬユニークな提案であったり、あるいは感動的な逸話を明かされる方も少なくない。読者にとっては、貴重にして心強く、得難い内省や発奮、共感、さらに実践の契機となるものと好評を得ている。そうしたこともあって、読者の多くより、これらの「直言提言」を書籍にまとめて出版してほしいという声をつとにいただいており、今回ようやく、ほぼ最近のものから厳選し、著者の厚意を賜り、出版する運びとなった次第である。

ついては、記しておきたいことがある。小誌の上記連載企画の意図、なおかつ本書上梓の目的とも重なることでもあるが、そもそも寺院、僧侶と社会大衆との関係いかんである。

中世の史料を見ると、意外にも、庶民の半数が僧侶だったとあり、また江戸時代後期の記録にも、寺院は五十万カ寺、僧侶も人口三千万人のうち二百万人に上ったとある。さように仏教と人々とは広範囲な絆にあった。それが明治政府の廃仏毀釈、昭和の大戦、戦後の政策などを経て、寺院は減じ、ともすると近くて遠い存在になりつつあるとすれば憂慮するほかはない。佐々木閑著『出家とはなにか』（大蔵出版）によれば、仏教僧団は一般社会からの支援に頼って生計を立てる完全依存型の集団であるという。一方の一般社会は彼らへのお布施が将来自分たちに多大な果報をもたらすと考え、尊敬の念をもって仏教僧団を支援する。この双方の利得が合致するところに仏教社会は成り立つものであって、したがって一般社会との友好関係なくして僧団の自立はあり得ない。かかる営みは仏教の発祥から今日まで変わらないだろう。

すなわち、いうまでもなく、寺院をとりまく多くの方々の声を真摯に受け止めることは寺院住職自らの糧となるものにほかならない。のみならず、本書に収録した随筆のすべては一つひとつ読むほどに、一般社会と仏教寺院との関係をより身近に、より望ましい向きとするための助言、至言でもあるだけに、僧俗を問わず、できるだけ多くの方々に一読を勧めたいことである。

末筆ながら、ここに玉稿の転載をご快諾いただいた先生方に深甚なる謝意を表したい。

『月刊住職』発行人　矢澤澄道　合掌

各界第一人者25人による
今こそ
お寺に言いたいこと

目次

装丁　長谷川葉月

Kan Naoto
第94代 内閣総理大臣

菅 直人

1946(昭和21)年、山口県生まれ。東工大卒。弁理士。74年市川房枝の選挙事務長。80年衆議院議員初当選(13期)。96(平成8)年に厚生大臣として薬害エイズ問題を徹底究明し、被害者に謝罪。同年旧民主党を結成し代表。2009年政権交代を受けて副総理、財務大臣等を歴任。10年に第94代内閣総理大臣に就任。11年東日本大震災と福島原発事故に総理として直面し、浜岡原発停止、脱原発宣言、固定価格買取制度導入などに舵を切る。総理退任後も原発ゼロと自然エネルギー普及に力を尽くす。主な著書『東電福島原発事故　総理大臣として考えたこと』(幻冬舎新書)他。

歩きお遍路と福島原発事故

菅 直人

なぜお遍路を始めたか

歩きお遍路を始めたのは、民主党代表であった二〇〇四年に年金未加入問題で代表を辞任したことが一つのきっかけとなった。その後、年金未加入は社会保険庁の手続き上の間違いであったことが明らかになったが、代表の座に戻ることはなかった。

そして、その直後、妻の伸子がくも膜下出血で倒れた。年金の切り替えの手続きをしたのが妻で、その心労も影響したようで、本人は「社会保険庁出血」と言っていた。手術の結果、幸い後遺症が残らないで回復した。

代表を辞めて時間の余裕もできたので、自分を見つめ直すにはいい機会と考えてお遍路の旅に出た。

もっとも学生時代から歩きとヒッチハイクの気ままな旅が好きだったこと、またしばらく前に読んだ司馬遼太郎氏の、『空海の風景』が非常に印象に残っていたことも大きかった。

総理になるまでは完全に一人で歩いたが、総理退任後はＳＰさんが同行。総理退任後の二〇一三年九月に十年がかりで結願ができた。

心にしみる出来事

二〇〇四年七月の最初の区分打ちでは、第一番札所の霊山寺《りょうぜんじ》から第二十四番札所の最御崎寺《ほつみさきじ》までを十一日間かけて歩いた。

歩いていると心にしみるような出来事に何度も出会った。夏の日の夕方、もう日が暮れかけていて宿までの道を疲れた足を引きずって歩いていた時、後ろから中年の女性が自転車で追っかけてきて、

「菅さんですか。この道、間違っていますよ」

と声をかけられた。その女性の家が道沿いにあって私が鳴らしていた鈴の音を聞いて、曲がる

べき角を曲がらないで歩いて行ったことに気が付いて、髪を洗っていたのを途中でやめて、わざわざ自転車で追いかけてきてくれたとのこと。歩きでは三十分間違って歩くと元の地点に戻るのにも三十分かかる。このような親切に出会うと、うれしいを通り越して一生の思い出になる。

最初はマスコミに知らせないで出発するつもりだったが、第一番札所の売店でお遍路の衣装などを準備している間にご住職が県庁記者クラブに連絡したため、最初からマスコミの取材攻勢を受けることになった。

「歩いているときはどんなことを考えていますか」

とマスコミ関係者に何度も問われたが、実際に歩いているときは難しいことを考えるのは無理だ。とくに山道ではただひたすら右足を前に出し、そして次に左足を前に出す。その繰り返しを無心に続けるだけだ。私は坐禅の経験はないが、お遍路で歩くのも修行の一つ。

時間がゆっくり進む歩きお遍路

歩きお遍路をしていて、それまでの旅行とは時間の流れが全く違うことを知った。時間がゆっくり流れるのである。

選挙の応援などで全国各地を訪れる機会は多い。しかし多くは飛行機と自動車で応援会場に駆けつけ、そこで演説をし、またとんぼ返りで自動車と飛行機で戻るという旅。会場から会場をたどるだけで、その土地の空気に触れることはほとんどできない。それに比べると歩きお遍路では時間が豊富だ。声をかけられ、お接待を受けることも多く、その地の産物をごちそうになり、話を交わす。宿坊に泊めてもらって親しくなったご住職も多い。

歩いているとどこからともなく一緒に歩く人が現れる。

面白い経験は、私がお遍路で歩いているという噂を聞いて、追いかけて会いに来る人があることだ。歩いて一日分の距離が車だと一時間。だから昨日歩いていたと聞けば、お寺さんに電話をし、通過したかまだかを聞けばどのあたりを歩いているかはすぐ分かる。お寺で待っている人もあり、中にはお遍路宿までやってきて晩飯を共にした人もある。このように歩くことは自動車や鉄道と違い、単に通過するだけでなく地元の人とのいろいろな交流ができる。

東日本大震災と原発事故にあい

お遍路を始めて四、五年で結願していたら、楽しい思い出だけが残ったかもしれない。しかし実際にはお遍路が終わらない間に東日本大震災と福島原発事故に直面することになった。二〇〇八年夏に愛媛県松山市に近い第五十三番札所の円明寺をお参りし、翌二〇〇九年、民主党が政権の座についたため時間的余裕がなくお遍路は中断した。とくに二〇一〇年に総理に就任してからは全く自由になる時間はなかった。翌二〇一一年三月、東日本大震災と同時に福島原発事故が発生。

私は大震災と原発事故の中で地獄の釜が開いた瞬間を経験し、同時に災害に立ち向かう人々の強さも見ることができた。地震津波では多くの町が流され、多くの人が亡くなった。そして福島原発事故では放射能に追われて多くの人が故郷を離れ、今も避難生活を続けている。

その時私が考えたこと

地震と津波、それだけでも未曾有の大災害なのに、それに加えてこれまで世界で誰も経験したことがない原発の大事故が発生した。地震は私も国会議員として阪神淡路大震災を経験しており、まず救命のために一刻も早く自衛隊を最大限出動させることが重要とその命令を急いだ。

原発の大事故の経験は、日本では、私にも誰にもない。しかし私は福島原発事故以前で最も大きかったチェルノブイリの事故、スリーマイル島の事故、また日本で起きた茨城県東海村の臨界事故については報告書を読んでいた。そして事故がどこまで拡大するのか、どういう手を打てばよいか、避難をどうするか、それらを考えるうえで原発事故の現場の状況をしっかり把握し、対策を判断できる体制が必要だということは分かっていた。

しかし、そうした体制が全く不備であることをすぐに思い知らされた。すべてが「重大事故は起きない」という前提で体制が作られていたからだ。その象徴は、原子力災害対策本部の事務局を担当する原子力安全・保安院のトップが経済の専門家で、原子力に関して素人であったことだ。

どの役所でも、その道の専門家が大臣になることはめったになく、その道の専門的知識を持つ官僚が状況をつかみ、予測し、対策を提案する。しかし福島原発事故ではその体制がなかったのだ。

私は大学で応用物理学を学び、原子力について原理的なことは学んでいた。事故がどんどん拡大する中で、原発について専門的な知識を持たない官僚ではあてにならないと考え、専門家を集めると共に、その間は自ら原発の状況をしっかり把握することが重要と考えた。

実際に起きたこと

これまでの検証で、地震発生からわずか四時間後の三月十一日午後六時五十分ごろには一号機がメルトダウンをはじめ、翌十二日午前二時ごろには溶けた核燃料が圧力容器を突き抜けてメルトスルーし、格納容器の底に落ちたことが分かっている。この溶けた核燃料が格納容器を突き破って外に出ていたら、誰も原発に近づけなくなり、東日本は壊滅していた。

事故発生から百時間の間に二号機、三号機も次々とメルトダウンし、さらに圧力容器を突き破ってメルトスルーし、水素爆発がそれに続いた。

このまま事故が拡大していたら福島第一、第二合わせて十基の原子炉と十一の使用済み燃料プールが制御不能になり、日本だけでなく世界にも大きな被害を及ぼしていたであろう。メルトスルーの後、原子炉の圧力が下がり、かろうじて原子炉に水を入れて、溶けた核燃料を冷やし始めることができた。

紛うかたなき神仏のご加護

原発事故がそれ以上拡大しなくて済んだのは、東電の現場職員や自衛隊、消防、警察などの関係者が文字通り命がけで事故対応に当たってくれた貢献による。しかしそれだけでは言い尽くせない幸運な偶然がいくつも重なった。定期点検中の核燃料が入っていた四号機プールに水が残っていたこと、格納容器が圧力上昇によりゴム風船のように破裂するのでなく、穴が開く損傷で済んだことなどだ。

私は「神仏のご加護」のおかげと思っている。総理を退任して再スタートしたお遍路では、仏様と弘法大師に手を合わせ、日本を破滅の淵から救ってくださったことに感謝の気持ちを伝えた。

今からしなければならぬこと

大震災と原発事故から四年近くが経過した。地震や津波による爪痕もまだまだ残っているが、原発事故の被災地への影響は時間が経つだけ深刻になっているといえる。そして原発を今後も使うかやめるかについて意見が激しく対立している。

私は東日本壊滅という地獄の釜が開きかかる事態を体験し、原発のない日本と世界を実現しようと活動している。

事故発生当時、アメリカの原子力規制委員長を務め、何度も福島を訪問したグレゴリー・ヤツ

コ氏と親しくなった。彼は、

「原発事故はいつどこで起きるか分からないが、いつかどこかで必ず起きる。起きるかどうかではなく、起きた時に住民にどんな被害が出るかを考えるべきだ。大勢の人が避難しなければならないところに原発を置くべきではない」

といった。全く同感だ。

推進派の中には「どんな災害でも完全な安全というのはないのだから、事故を起こさないように使えばいい」という人がいる。

しかし、自然災害と原子力災害は根本的に違う。つまり、地震や津波など自然災害は被害を少なくできても災害の発生を人間の力で止めることはできない。しかし原発は人間が作るものであり、原発をやめれば原子力災害の発生自体を完全になくすことができ、後世に負の遺産を残さないことにもなる。

宗教は人間を正しい方向に導く役割が大きい。原発についても人間が間違った道に向かわないように人々を導いていただくよう、心からお願いしたい。

（『月刊住職』二〇一五年正月号）

Takarada Akira
俳優

宝田 明

1934(昭和９)年、朝鮮・清津生まれ。満鉄技師だった父親のもと満州・ハルビンで終戦を迎える。都立豊島高校卒業後、53年東宝ニューフェイスに合格。54年公開の特撮映画『ゴジラ』（東宝・本多猪四郎監督）で初主演し、空前の大ヒット。その後『青い山脈』『小早川家の秋』など60年代の東宝看板スターとして小津安二郎、成瀬巳喜男、松林宗恵などの監督作品に出演。映画総出演数は約200本。ミュージカル、舞台、テレビドラマなど多方面でも活躍中。64年に文部省芸術祭奨励賞、72年ゴールデンアロー賞、2012(平成24)年文化庁芸術祭大衆芸能部門大賞などを受賞。

戦争を知らない子供たちへ

宝田 明

役者というのは、右の人も左の人もお客様。右だから、左だからという理由で観客を断ることはできない。だから、なるべく中庸でそこそこ。政治的な発言を役者はすべきではないという声がある。私もかつてはそうだったが、還暦を過ぎた頃から考えが変わった。

二百本の脚本があれば、二百とおりの描かれた人物を演じるのは職業だが、経験をしたのは生の宝田明という人間だ。今、岐路に立つこの国に私は一人の人間として伝えたいことがある。

昭和二十二年、十二歳の時に日本に引き揚げるまで、私は旧満州国のハルビンで幼少期を過ごした。父は満州鉄道の技師だった。日本が新天地に資源を求めて作った傀儡政権、満州国は豊かな資源に恵まれ、地表を掘るだけで採れた良質の石炭は鉄道と船を使ってどんどん日本に送られた。五族協和を掲げた満州国の中心にあるハルビンは、見渡せばすべて外国人という国際色豊かな大都会でもあった。ロシア人、インド人、中国人、韓国人など他民族との接触の中で私は育った。

小学校に上がって間もない昭和十六年、大東亜戦争が始まる。学校教育も戦時教育となった。毎日、学校では太陽の昇る方向に向かって深々と頭を下げる。向こうには天皇陛下がお住まいなのだと教えられた。教育勅語を読み、小学校でも二泊三日の軍事教練が行われる。日本から入ってくる音楽は、ほとんどが勇ましい歌ばかり。好むと好まざるとにかかわらず軍国少年になった私は、兄二人に続いて関東軍に入り、「いずれは祖国の防波堤たらん」と使命感に燃えていた。

でも家の中では毎朝、お仏壇に手を合わせて『般若心経』をあげていた。本籍は新潟県村上市。菩提寺の真宗大谷派善行寺も村上市にあり、いつか、菩提寺に帰った時にという両親の思いもあったのだろうか。小さい頃から毎朝、お灯明とお線香をあげ、先祖に手を合わせてお経を読む日々だったのだ。

しかし、昭和二十年八月九日、日ソ不可侵条約を蹴破ったソ連軍が満州に侵攻。轟音に飛び起きると、夜空に敵機が旋廻し、駅に火柱が立っていた。八月十五日、ラジオから天皇陛下の玉音放送が流れ、父母は泣いていた。終戦から一週間後、戦車に乗ったソ連軍が武装解除されたハルビンの街にどっと入ってきた。学校も閉鎖、病院も占領され、完全な無政府状態の中に一般市民は置かれたのだ。

ソ連軍はやりたい放題だった。横暴、暴行、婦女子に対する陵辱。満鉄の社宅にいたご夫人が、ソ連の兵隊に引きずられて社宅の裏に連れていかれた。私はソ連の憲兵隊に助けを求めたが、駆けつけた時にはすでに奥さんは陵辱されていた。小学五年生の時に見たその光景は今も忘れることができない。略奪にきたソ連兵に銃口を頰に付けられた恐怖も忘れられない。しかしそのソ連兵からパンの端切れをもらうために、生きるために、何でもやらなくてはいけなかった。生活は惨憺たるもの。煙草を売り、靴を磨き、やがて強制使役の命令が下り、父と中学生の三兄と私は交代で毎日、ハルビン駅の貨物列車へ石炭を運ぶことになる。列車にはシベリアへと送られる日本兵が詰め込まれていた。あの中に、出征した兄がいるんじゃないかと思うとたまらず私は列車に近づいて行った。その時、見回りのソ連兵が「帰れ！」と叫びながら、ダダダダーッと、銃を撃った。

転げるように私は家まで逃げ帰ったが、右腹が焼け火箸をあてられたように熱い。でも病院に行くこともできない。二日目には傷口が化膿してきた。

満鉄社員の元軍医が呼ばれ、私はベッドに両手両足をくくりつけられた。元軍医は母親に裁ちばさみを焼いて持って来るように伝え、「明くん、頑張れよ」と私に声をかけ、麻酔もないままブスッとハサミを私の腹に突き刺し、ジョキジョキジョキジョリジョリと切られた。失神しそうな激痛。案の定、私の腹の中には銃弾が入っていた。それも当時、国際法上、使用が禁じられていたダムダム弾。鉛の毒が体中に広がる恐ろしい銃弾だった。

ロシアには大文豪も大作曲家も大芸術家もいる。でもこの時の経験から戦後七十年経つ今も、私はソ連兵、ロシアという国が憎い。憎悪が消えない。日本の一少年が受けた経験と同様に、日本もまた戦争という名において中国や東南アジアの非戦闘員にひどいことをした。私と同じように死ぬまで憎しみの消えない人たちがいる。命を落とした何万人の兵隊、その家族の悲しみも消えない。

結局、戦争になれば、戦闘員、非戦闘員の区別などないのだ。いい戦争も悪い戦争もない。戦争は、狂気と憎しみしか生まない。だから二度と戦争を起こしてはならないという悲願から生まれたのが、世界に冠たる憲法第九条だった。だが平成二十七年秋、政治家自ら国の根幹である憲法を踏みにじり、アメリカのために戦争協力をする安保法案を強行採決した。今の安倍首相をはじめ、政治家の八割は戦争を知らない大人だからである。

しかし、世界では日本人が平和を切実に願った心が今も知られているのをご存じだろうか。メッセンジャーは私の同級生、ゴジラである。

初主演作となった『ゴジラ』は、昭和二十九年に作られた。当時は米ソの核実験が繰り返された時期。映画製作の契機は同年三月、アメリカが行ったビキニ環礁沖の水爆実験による第五福竜丸の乗組員の被爆だった。広島、長崎、そして第五福竜丸と三度にわたって国民が被爆した国は世界に類がない。核廃絶のリーダーシップを取れるのは、世界に日本しかない。被爆国が『ゴジラ』という名を借りて世界に警告をする、それがあの映画だった。

だから単なる怪獣映画ではない。平和で静かな海に眠っていたゴジラは核実験で目覚める。口から放射能を吐くゴジラは核実験で被爆した姿であり、ゴジラも悲しい宿命を抱かせられた被爆者の一人だ。敗戦国、日本国民の悲願のようなものが織り込まれていた作品だったのだ。

二年後米国で公開されたが、アメリカは政治的なメッセージ性のある部分をすべてカットして上映した。ラストの芹沢博士の〝水爆実験が続けられたら第二、第三のゴジラが世界に現れるかもしれない〟という台詞も切られてしまった。出来の悪いパッチワークのような作品では、日本の製作者の真意が伝わらなかった。

けれども十数年前、全米二十大都市で『ゴジラ』のオリジナル版を一斉に上映したところメディアが絶賛した。ついに『ゴジラ』はハリウッドの殿堂入りを果たした。第一作目から五十年間で二十八本作られ、私はそのうちの六本に出演したが、アメリカでサイン会をすると毎回、数万人が集まる。架空の動物であるゴジラのメッセージを当のアメリカ、それに世界が認めているのだ。

その日本が今やどうか。政治家はアメリカに確固たる日本の主張もできず、憲法第九条の「たが」を外すという取り返しのつかないことをした。日本は大きな岐路に差し掛かっている。今こそ、国会議事堂に大きなスクリーンを掲げて、『ゴジラ』を衆参両議員の前で上映して、六十二年前の日本人のメッセージを見直してほしいと私は願う。平和を願う国民は、次の選挙では法案に賛成した人ではなく、戦争をしないという人に投票するしかない。私は自分が受けた経験を次の世代に話していくべきだと思い、各地で話をさせて頂いている。私に理解を示し、ちゃんと反応してくださる方がいる。ありがたいことだと思う。

宝田 明

両親の最大の教えは、お寺さんを大事にしなさいということだった。何かあったら、お寺さんに行って、本堂の近くで過ごしなさいと。お寺さんに行けば先祖のお墓がある。手を合わせて語ることもできる。ご住職や奥さんとお話もできる。お寺さんを我がサロンと思えと常々いっていた。今、両親のお墓は東京の駒込にある浄土宗円勝寺というお寺にある。何かあれば私もお寺さんに行く。古い無縁仏が祀られた境内は、身を置くだけでも気持ちのいい場所だ。

私の友人には日蓮宗の僧侶もたくさんいる。ゴルフをやったり、忘年会をしたり、年の暮れにはお餅をつき、お汁粉をいただく。若いお坊さんの結婚式に招かれることもある。なんと清々しい姿なのかと思う。百日修行を終えてお寺に帰ってきた僧侶が白い褌姿でお経を唱え、その体に檀家が水をかけると湯気が体から立ち上がる。その姿も美しい。大陸から伝来し、日本独自の思想へと発展した素晴らしい宗教文化を育んできたお寺さんを私たちは大事にしなければいけない。

お坊さんに願うことは、より人間的な素敵な人になってほしいということだ。儀式やお説教など専門のお仕事の時はちゃんとしていただいて、終わったら、はいおしまいと人間的になってほしい。そして、かまえることなく、一人の人間としての思いを外に出してほしいと願う。

（『月刊住職』二〇一六年正月号）

（写真／松元絵里子）

Yokoo Tadanori
美術家

横尾 忠則

1936(昭和11)年、兵庫県生まれ。72年にニューヨーク近代美術館で個展。その後もパリ、ヴェネツィア、サンパウロなど各国のビエンナーレに出品し世界的に活躍する。アムステルダムのステデリック美術館、パリのカルティエ財団現代美術館での個展など海外での発表が多く国際的に高い評価を得ている。2008(平成20)年に小説集『ぶるうらんど』で泉鏡花文学賞、11年に旭日小綬章、同年度朝日賞、15年に第27回高松宮殿下記念世界文化賞など受賞・受章多数。12年神戸に横尾忠則現代美術館開館。13年香川県豊島に豊島横尾館開館。世界各国の美術館に作品が所蔵されている。

因果応報や魂の話をもっとしてほしい

横尾 忠則

毎日のように次々とスキャンダルが泡が噴き出すように社会の表舞台を駆け巡っている。かつて「本年度の10大ニュース」が年末に発表された時代があったが、現在は一、二カ月の間にかつての10大ニュースになる出来事が集中して起こっている。

そのどれひとつ取っても因果応報の法則が作用していることに気づく。

ぼく達の子供時代は誰が言うともなく、過去の善悪の業によって未来の果報が生じる、と教えられ、戒められてきた。

ところが現代人はこのような法則を信じている者はほとんど皆無に等しいのではないか。とスキャンダルを見ていてぼくはそう思うのである。

自分の過去の人生を振り返ってみる時、ありとあらゆる場面にこの因果の法則が働いていることに気づく。したがって今後の生き方にも当然この法則が作用することを考慮して行動しなければならない。

現在の学校教育でこの法則を教えているところが一体どのくらいあるだろうか。学校で仏教教育が行われているところはごく限られた仏教学校ぐらいだろう。

すると、この教えを伝えるのはお寺や僧侶の役目になる。

専門的な仏教書ではなく、もっと一般的な場所での普及活動が必要であると思う。

何も難しい仏教ではなく、簡単に因果の法則を教えるだけでも十分である。週刊誌のスキャンダル特集のほとんど全てがこの因果の法則を無視した結果であるが、当事者達は誰もそのことに気づいていない。当然、書く側の人間もそのことが判っていない。社会が混乱するような記事を書けば雑誌は売れる。そのこと自体が目的になってしまっている。

ありとあらゆる場所と出来事全てにこの因果の法則が関っていて、知らず知らずのうちに、社会全体がとんでもない、後戻りのきかないような方向に走っているように思えてならない。

日本が仏教国として世界に発言し、世界の間違いを指摘し、正す必要があるという認識があるならば、一日も早く、現代社会で毎日起こっているスキャンダルの因果応報を仏教者の言葉によって伝えてもらいたいと思う。

それから、もうひとつ。死の問題である。

こちらも毎日のようにどこかで誰かが自殺をしたり、殺人を犯したりしている。ジャーナリズム的には、原因と犯人捜しをするだけで、その根本原因のほとんどが社会の責任であるかのように処理しているように思える。社会に責任を押しつける以前に、やはり個人の問題がある。

なぜ死ななきゃいけないのか、なぜ殺さざるを得なかったのかという問題の追究はなされないままで終わってしまう。やはりここにも個人の因果応報の教えの無知が関与していると思えてならない。

ぼくは仏教のことはよく判らないが、子供の頃、お坊さんの説教の中で耳にタコができるほど説《さと》された言葉が、その後の生き方に影響を与えてきた。学校で教えられたことではない。子供の頃に読んだ物語などで知ったのである。あの頃の物語は今思い出せばそのまま仏教の教えが核になっていたのではないかと思うのである。

現代は「不倫は文化」と誰かが言ったら、それがまるで流行語のようになって、肯定されていく。ぼくはこの言葉にとやかく言う権利はないけれど、何でも「文化」にしてしまえば済んでしまう、この社会がどうもおかしい。おかしい背後には因果の法則を無視した考えがあるからだと思う。


さて、次に気になるというか、誰もが関心を持ちながら適切な説明というか教えがないのは、「人間は死んだらどうなるのか、どこへ行くのか」という問題である。

仏教は死後生を認めているのか、否定しているのか、どっちでもないのか、という人類にとって最大の問題である。

お釈迦さんは死後生を認めているのか、否定しているのか、よく判らないと言っているのか、どっちなんだ、とわれわれ一般人が最も知りたいテーマであろうか。

死んだら無であるというなら、なぜ人は今生を死ぬまで生きようと努力するのか。死ぬ間際まで病気を押してまで仕事を続けるのか。そこには、何か言葉で説明のできない、死生観が作用しているように思う。

肉体の消滅が全ての終わりではないのではないかという気持ちが人間のどこかに宿ってはいまいか。

魂の不変を、人間は無意識で信じているのではないか。でなきゃ、死の瞬間まで自分の思いを達成する必要などない。

われわれは心の思いだけではなく、どこかで魂の思いの存在を知っているのではないかと思うのである。

魂は肉体のどこに位置するのか、脳なのか、心臓なのか。魂の位置は現在の科学では判っているのか。判っていなければ「ない」と言ってもらいたくない。唯物主義は科学の説明する範囲しか肯定しない。われわれは非物質的世界とも交流しているはずだ。

たとえばアニミズム。

ぼく達は子供の頃から無意識の中でアニミズムを認識していたように思う。自然界の中には精霊がいると、これも誰から教わったわけでもないのに、そう信じてきた。子供はむしろ見えるものより見えないものの存在と交流していたように思う。

科学的に解明されない事象はこの地球上でも、人間そのものの中にも、まだまだあると信じる方が自然なのではないだろうか。

今日の非科学は明日の科学になるかもしれない。説明や分析のできないものは全て非科学的、超常的なものはオカルトとして否定するのはいつでもできる。

芸術は見えないものを、顕在化させる技術である。芸術の歴史はこのようにして発展してきた。


死に戻ろう。

生の死が終わりではなく、むしろ死こそ生の始まりではないのか。そしてわれわれの住むこの現象界こそ幻ではないのか。

ぼくは創造しながら、しばしば今、絵を描いている自分が本当の自分かと自問することがある。自分は単に描く道具ではないのか、どこかにぼくの本体があって、その本体からのインスピレーションによって描いている、その本体こそが自分であると思うことがしばしばある。

インスピレーションはこの現象界というより、この現象界と分離したもうひとつの世界からやってくるように思えてならないからだ。

「あれ、こんな絵が描けちゃった」という瞬間をしばしば経験する。自力と他力があるが、自力はまあ判るが、他力の源泉は一体どこからくるのか。この物質界ではないような気がする。すると人は物質界と非物質界を行き来しながら生きているのかもしれない。

もしかして、死んでもこの関係はそんなに変わりそうには思えない。生きながら死んでいるという感覚が創造を生ませる。だからぼくは肉体の消滅が死とは思えないのである。

（『月刊住職』二〇一六年六月号）

Nakamura Keiko
生命誌研究者／JT生命誌研究館館長

中村 桂子

1936(昭和11)年、東京都生まれ。東大理学部卒、同大学院生物化学専攻博士課程修了。生命誌研究者。国立予防衛生研究所、三菱化成生命科学研究所人間自然研究部長、早大教授、ＪＴ生命誌研究館副館長を経て2002(平成14)年より同館長。東大先端科学技術研究センター客員教授、大阪大連携大学院教授も歴任。多様な生命に受け継がれている生命の歴史をよみとり生きものとしての人間を考える生命誌を提唱。1993年『自己創出する生命』で毎日出版文化賞。著書『生命誌の扉をひらく』『生命誌とは何か』『科学者が人間であること』『小さき生きものたちの国で』他多数。

同志としての住職への呼びかけ

中村 桂子

私にとっての住職の一つは、既に他界した両親を通しての日常の中のものである。我が家は平均的な日本人家庭であり、特段信心深い生活を送っていたわけではない。ただ晩年、湘南に暮らした両親は、鎌倉の寺院の日曜説話に通ったり、托鉢の若い僧侶に家で一服していただき語り合ったりしていた。宗教という面倒な受け止め方というより、お茶や俳句と並んで生活に落ち着きをもたらす一つだったのだと思う。もちろん高僧のお話に学ぶことは多かっただろう。小学生の頃から何かとそれにつき合ってきた娘は、今も「般若心経」を諳んじている。まさに門前の小僧である。内容を充分に理解しているわけではなかろうが、このような形で身についていることの意味は少なくない。両親は共に、私もあのようでありたいと思う静かな最後を迎えたので、心の準備をしていたのだろうと思う。このように、日常の中にさりげなく存在し、心の豊かさを支える存在が私にとっての住職であり、これ以上のものを求めてはいない。とてもよい関わりだったと思う。実はなぜか二人共、八月のお施餓鬼の時期に亡くなり、私たちが一番忙しい時にと苦笑いされた御老師の顔が両親の思い出と重なる。

ところで私自身、このような暮らしをしていた両親の年齢になっているのだが、まだ仕事をしており、なんとも落ち着かない。修行中の若い僧侶とおにぎりを頬張りながら静かに話し合っていた母を思い出し、何を話題にしていたのだろう、聞いておけばよかったと今になって思う。そして私もいつかそんな時間を持てる日を楽しみにしている。

実は、もし両親が近くの神社の方とこのような関係になったとしたらそこでも同じことが起きたのだろうと思っている。教会だってよい。神とか仏とかという問題ではなく、落ち着いて考えながら生きる時の拠り所となる人と、時々静かな時間を持つことが大切なのである。

これを普通の生活と言うと、何を時代離れしたことを言っているのだと叱られそうだが、私の仕事はそのような生活を求めてのことであり、それを時代離れではなく、新しい生き方にしたいと願って進めている。

私に住職への提言をと言われれば、このような新しい（というより本質的な）生き方を一緒に考えていただきたいということだろうか。私にとっての住職との第二の関わり、そして直接の関わりはこれである。

そこでまず私が求めている社会を説明したい。とにかく最近の社会は心がザワザワすることが多い。子どもの虐待、若者がとにかく人を殺してみたかったと言って犯す殺人など、日常の中にこのような非日常が入ってくるのはなぜかと考えても答えはみつからない。もっとわからないのは、なぜ国のリーダーが今戦争への道を選択するのかということである。戦争については、後で細かく考えることにしたいが、いずれも「生きる」ということの意味を無視した行為である。そこから見れば、最近の「労働者派遣法」「労働契約法」なども同じである。はたらくという生きる基本を、単に経済力の中だけに位置づけているのだから。この世に生まれた一人一人が日常を大切にしながら生きることを支えるために社会があり、法律があるのだということを忘れているとしか思えない。

生命誌という私の研究は「人間は生きものであり、自然の一部である」という事実を基本にすべての事柄を考え、そこから社会づくりを考えていくものである。生命誌から見ると、労働法も戦争も子どもたちの間にあるいじめも、人間が生きものであり生きることがすべての基本であるというあたりまえのことを忘れているから起きていることとして見えてくる。

人間は、生きものという点では地球上に数千万種いるといわれる生きものたちのすべてと共通するメカニズムで動いているのであり、それを忘れてはいけない。もちろん人間特有の能力はあり、それによって作り出してきた文明もまた人間を考えるうえで重要である。現代文明を端的に捉えるなら科学技術と金融資本主義だろう。したがって今重要なことはこれらを生きものであるという切り口から見直し、社会を組み立てて行くことである。

ここで戦争を例に考えてみる。確かにこれまでの歴史を見ると人は戦争によって権力や財力を手に入れてきた。これらの力には不思議なところがあり、それを手にすると、より大きな力を求めたくなるらしい。そこで戦いは絶えることがなかったのである。人を殺してまでそのような力を手に入れてどうするのだと思うが、人間にはそのような欲望があるのだろう。近年、チンパンジーには同種での殺し合いが比較的頻繁に見られることがわかってきたので、私たち人間とチンパンジーとの共通祖先が悪いのだとの説明もある。もっとも同じチンパンジーでもボノボは温厚であり争いを避けて行動する。近年の科学万能の社会ではなんでも科学に答えを求め、そこで納得するところがあるが、このような事実を並べて戦争の説明をしてみても仕方がない。むしろ、現在の社会のありようを見つめ、今私たちは「もう戦争はできない」という歴史の転換点にいるという認識を持つことが重要なのではないだろうか。

一つは、兵器である。核兵器をはじめとし、化学・生物兵器・エレクトロニクスなど現代科学技術が生み出した兵器を用いて本格的戦争を始めたら、人類は滅亡する他ないだろう。事実、第二次大戦以降、国家間の戦争はない。誰もがそれは滅亡への道と知っているからだろう。残念なことに、紛争やテロは絶えることなく続いているが、国はここに武力で関わるものではない。その原因の多くは、貧困・差別・格差など社会の基本問題であり、現代社会はそれを歪んだ形で助長している面がある。国には、それを無くす努力をすることこそ今求められているのであり、武力での解決はあり得ない。

もう一つは、地球環境である。七十三億人が地球上でどのように暮らすかという問いがある。これまでの社会は、現代科学技術文明の中で、金銭的・物質的豊かさを得ることを進歩としてきた。それはエネルギー多消費社会であり、すべての人がアメリカを典型とするいわゆる先進国型の生活を求めたら、恐らく地球は生きものとしての人間が暮らすのは難しい場所になるだろう。

数千万種といわれる生きものたちの中には、すでに生存が危うい生物がたくさんある。

昨日も動物学者から、温暖化が進みライチョウの棲息地域がどんどん狭まっていると聞いた。このような例は数えきれないし、開発による熱帯雨林の破壊も止まらない。

戦争は最大の環境破壊であり、現在でさえ、どのように対応してよいかわからない地球環境問題を悪化させる。ライチョウだけでなく多数の生きものたちが暮らしにくくなるだろうが、その中で最も危ないのは人類だろう。地球は決して安定したものではなく「絶滅」と称される時が、生物の上陸後の五億年でも五回もあった。絶滅とはすべての生きものが絶えるのではなく、六千万年前の恐竜に象徴されるように、その時栄えていたものが消えるのである。その後には新しい生きものが生まれ、また多様化していくのであり、人類滅亡は地球という星にとっては一つの歴史に過ぎないだろう。しかし、私たちにとっては一大事だ。自らの手で絶滅を招く愚は犯したくない。現在のようなエネルギー多消費型の生活ではなく、皆が自律的に生き生きと暮らす社会を作りあげていくことにこそ私たちの知恵を生かす必要がある。

こう考えると、今私たちは戦争をしている余裕はないのである。「人間は生きものであり、自然の一部である」という紛れもない事実を基本に置いて考えると、出てくる答えはこれしかない。

戦争を一つの例として考えたが、すべての事柄をこの切り口で考え、社会を組み立てることが大事だというのが生命誌の考え方である。

現代社会は、戦争も含めて自然破壊をすると書いたが、それは人間自身の破壊にもつながる。なぜなら人間は自然の一部なのだから。人間という自然の具体はその体と心であり、事実、最初にあげたように、人間の体と心が壊れているとしか思えないような現状をなんとかしたいと思う。

こうして考えていくと、科学を基盤にしている生命誌と心を対象とする宗教とのつながりが見えてくる。心に正面から向き合うのはあまり得意ではない。しかし、「人間が生きものとして日々生きていくことを大切にする」というあたりまえのことを考えていると、どうしても体と共に心について考えざるを得なくなるのである。それは、第一の関わりとして書いた日常と重なり合う。宗教・心という難しいテーマを日常というあたりまえのところに引きずり込むのは失礼かもしれないが、生命誌という仕事の中ではそのように考えている。

こうして仕事と日常の両方で私の生活の中に「住職」という存在がある。それは、「生きる」というあたりまえのことがあたりまえにできる社会を作りあげる〝同志〟としての存在である。

（『月刊住職』二〇一五年十月号）

Yoro Takeshi
解剖学者

養老 孟司

1937(昭和12)年、神奈川県生まれ。東大医学部卒、同大学院博士課程修了（解剖学専攻)。東大教授(現名誉教授)、北里大教授、大正大客員教授、また政府委員等を歴任。現在ソニー教育財団理事、ＮＰＯ法人ひとと動物のかかわり研究会理事長、小林秀雄賞や毎日出版文化賞の選考委員他。89(平成元)年『からだの見方』でサントリー学芸賞、2003年『バカの壁』は同年ベストセラー第１位となり毎日出版文化賞特別賞を受賞。「バカの壁」は流行語大賞受賞。数多くの啓蒙的著作をはじめテレビ、ラジオの出演や講演で数多くのファンを得ている。近著『骸骨考』『京都の壁』他。

お坊さんという壁

養老 孟司

鎌倉生まれの鎌倉育ちなので、子どもの頃からお寺で遊ぶのはいつものことだった。でもなぜか、どのお寺さんでも、ご住職には滅多に会わなかった。自宅もお寺からの借地だったから、そのお寺にもよく遊びに入った。でもご住職に見つかるとまず叱られたので、お坊さんとは子どもを叱るものだと思っていた。

なにしろ戦中戦後の混乱期だったから、ご住職も近所の子どものことなど、いちいちかまっている暇はなかったに違いない。いまはきちんと門扉を閉めて、拝観料を払わないと入れないお寺でも、当時は庭園に自在に入り込んで遊んだり、虫を捕まえたりしていた。鎌倉の山を歩いて、山から降りていくと、たいていはお寺の境内に出てしまう。庭に入り込むのも仕方がないのである。

しかも当時のお寺では、庭にネギを植えたり、キャベツを植えたりしているところもあった。食糧難だから止むを得ない。お坊さんも生活が大変だったのだろうと思う。そういう門前の小僧である私と、仏教との関わりは、だからお坊さんの手引きからではない。ものの「考え方を考える」ようになってからである。

ものを考えるのは脳に違いない。だから四十代に『唯脳論』（青土社）という本を書いた。この表題は編集者がつけてくれた。内容がなんとなく唯識を感じさせたのであろう。その後、たまたま中村元先生の仏教に関する入門書を読んでいて、阿含経の解説に目をやった時に驚いた。自分が本に書きたかったことが阿含経の要旨のなかにすべて含まれていたからである。なんだ、ものを考えたら、仏教になってしまうんじゃないか。

その後、旧制高校を出た先輩に聞いたことがある。旧制高校では、世間に処するなら儒教、個人の生き方を考えるなら老荘、抽象的な哲学を考えるなら仏教、そういう常識があったらしい。日本語でものを考えると、結局、仏教になってしまうんだな。乱暴な結論だが、私はそれを身に染みて感じたのである。

だからといって、阿含経をきちんと勉強しようなどという殊勝な気持ちはなかった。後に河合隼雄先生が主宰する華厳経研究会に参加させていただいた。じゃあ華厳経を勉強したかというと、とんでもない。河合さんの会では、河合さんのダジャレを聞いていただけである。

その会には作家の夢枕獏さんや、中沢新一さんが参加されていた。河合さんも中沢さんも仏教に関心が強い方たちである。ただ二人が集まると、同じことを言っておられた。「仏教は好きだが、坊さんは嫌いだ」。

この辺りがなかなか興味深いところであろう。仏教には魅かれるが、お坊さんという壁がある。ではそれがいけないかというと、私はかならずしもそうは思わない。それでいいんじゃないかと思う。なぜかというと、お坊さんといえども、多少は？　仏教を学んだに違いないので、それなら仏教を学ぶということは、そういう人たちを、つまり河合さんの嫌いなお坊さんたちを事実として生み出す、ということでもあるからである。しかも右のように考えるのが、仏教的ではないのか。そうとすら思ってしまう。

これでおわかりであろうが、私の仏教はまったくの我流である。スリランカのお坊さん、スマナサーラさんといくらかお付き合いをさせていただいた。さらにブータンにはしばしば行き、現地のお坊さんにお会いする機会も多い。あちらの仏教は文字通りの仏法僧だから、ひたすらありがたいだけである。「なにごとのおわしますかは知らねども」である。お坊さんはひたすら修行をし、祈り、お布施で生きる。

そもそもこうでなければならない。そういう原則論を持ち出すと、たいていのものごとは壊れる。全部壊して、あらためて出直すときにはそれでいい。でも日本の仏教界を全部壊して、新しく出直す必要なんかないであろう。

私の世代は昭和二十年の敗戦を知っている。助手になって二年目には、例の大学紛争である。明治維新も敗戦もそうだが、ご破算で願いましては、である。紛争当時の学生には、その種の夢があったのかもしれない。東大解体を叫んでいたからである。でもその夢は実現しなかった。

最近、映画『シン・ゴジラ』を見る機会があった。あの最後のシーンでも、この国はいつもご破算で出直す、でもいまは共生するしか仕方がない、という台詞があった。まあゴジラを原発に見立てているのかもしれないが、古いもの、伝統とは、それに類したものであろう。以前からあったし、いまでもあるものは、仕方がない。さまざまな功罪があるに決まっている。それをあれこれ糾弾するより、これからどうするか、それを想ったほうがいい。私はそういう意見である。それよりも、傘寿を迎えて、いくつか世間から失われてきたものを想う。一つは人の成熟である。河合さんはいつも大人という感じがしていた。私自身が人として成熟しない典型だから、そう思ったのかもしれない。いまでもお元気ですねとか、お若いですね、と言われる。要するに「育ってないだろ、お前は」、と言われているのである。

成熟するために必要なものは修行である。その修行も死語になりつつある。叡山の千日回峰行がいい例であろう。千日間、山中を走り回っても、GDPが増えるわけではない。あれはいったいなんなのだ。若者はそう思うに違いない。回峰行が終われば、大阿闍梨という作品が生まれる。でも人生を作品として見る見方が失われた。地位や名誉やお金は、いわば人生の額縁である。額縁は立派でも、作品はどうなのか。どんな貧しい画材を使ったとしても、それなりに完成した絵というものがあるはずではないか。

以前に象潟《きさかた》（秋田県）を訪問したことがあった。近くに立派なお寺があって、芭蕉の頃からのお庭のたたずまいを見せていただきながら、ご住職とお話をした。

ご住職が、ちょうど私が生まれた昭和十二年に、小僧で入りました、と言われた。「庭は以来、ほとんど変わりませんねえ」。「では変わったのはなんでしょうか」。私はそうお尋ねした。しばし間があって、「人でしょうなあ」と言われた。それをいまでもよく覚えている。

もちろん人には変わる部分と変わらない部分がある。『希望とは自分が変わること』という本を書いたら、あとで気が付いた。ジュール・ルナールが意地の悪いことを言っている。「人は変わる、だがバカさ加減は変わらない」。


鎌倉育ちのせいなのか、お寺は好きである。河合さんや中沢さんとも違って、お坊さんにとくに好き嫌いはない。私は虫がむやみに好きだから、人間は本当はどうでもいいのである。ただ仏教で困るのは殺生戒である。ブータンに行くと、うっかり虫も採れない。ハエもカも殺さない人たちだからである。虫の標本が作れない。

だからというか、二年前に鎌倉の建長寺に虫塚を作らせていただいた。毎年の虫の日、それを六月四日と勝手に決めて虫供養をする。お坊さんたちがお経を読んでくださるから、ありがたいことである。そもそもこれが仏教なのかどうか、そういう面倒なことは考えない。でも建長寺には花塚、筆塚もあるから、べつに虫塚があってもいいであろう。家内は私が死んだら、虫塚を私の墓にするつもりでいるらしい。まあ、自分の死んだ後まで指図をする気はない。六月四日に死ねば便利だが、誕生日と同じで、そういう細かいことはどうでもいい。

私の母親はお彼岸に死んだ。ちょうど時期がいいと言えば、ちょうどいいのだが、母の郷里のお寺が遠くて、行くのに難渋する。一度行ったが、たまたま虫採りの友だちが近くに住んでいて、そいつと虫採りに行ってしまった。親不孝の極みだ。だから、今年ぐらいは墓参りに行こうかなどと思う。でもそんなことをすると、母親が驚くかもしれない。

お寺があって、お坊さんがいる。それが大切なことなのだと思う。私はアジアの仏教国をしばしば旅行する。集落にはかならずお寺がある。ラオスなら、飛行機から見ていると、赤い屋根がお寺である。集落の中心に赤い屋根が見える。いくつかの集落が集まっていると、大きな赤い屋根がある。本山であろう。維持するのが大変な時代もあろう。でも維持する価値はある。人の生活とはそういうものだ。そういうしかないであろう。

（『月刊住職』二〇一七年十月号）

Tsutsui Yasutaka
作家

筒井 康隆

1934(昭和９)年、大阪市生まれ。同志社大卒。60年ＳＦ同人誌『ＮＵＬＬ』を創刊し江戸川乱歩に認められ創作活動に入る。65年処女作品集『東海道戦争』を刊行し脚光を浴びる。81年『虚人たち』で泉鏡花文学賞、87年『夢の木坂分岐点』で谷崎潤一郎賞、89(平成元)年『ヨッパ谷への降下』で川端康成文学賞、91年日本文化デザイン賞、92年『朝のガスパール』で日本ＳＦ大賞、97年フランス・パゾリーニ賞、99年『わたしのグランパ』で読売文学賞、2010年菊池寛賞を受賞。02年には紫綬褒章受章。著書『時をかける少女』『家族八景』『文学部唯野教授』『敵』他多数。

宗教と私

筒井 康隆

我が家は先祖代々真言宗である。菩提寺は大阪心斎橋にある準別格本山・三津寺。三津寺筋にあり、大阪では「みってらさん」と呼ばれている。ここの墓地が千日前にあり、お寺からは墓参りに行くのに心斎橋を通り、いわば「心ブラ」をしながら歩いて行く。ここの檀家は昔からこの心斎橋近辺の大店の旦那衆だったのだが、ご承知のように最近はゲームセンター、アパレル、コンビニなどに追われて名店がなくなり、昔の面影はなくなった。われわれから見れば惨状、とも言える有り様だ。旦那衆も阪神沿線に居を移していて、だからお彼岸には住職がいちばん遠方にある神戸・垂水の我が家まで来てくれる。遠い方から順に来るので我が家へお見えになるのは早朝だ。小生、朝に弱いので、寝ているうちに来られ、起きた頃には帰ってしまわれていたりする。

昔から「おじゅっさん」と呼んでいた住職は親しくしていた先代が亡くなり、今はそのお孫さんが来てくれている。先代の住職のことを「せんじゅ」と言うがこれはなかなかのお人だった。千日前の墓が大雨で水浸しになった時など、このお住さんと一緒にお墓の掃除をしたことがある。「すみませんなあ」と言うお住さんにおれが「いやいや、これも修行ですから」と言うと大笑いをされた。真言宗御室派のこと、お経のことなどを教えてくれたのもこの人である。「オンアボキャーベーロシャノーマカボダラマニ……」という「光明真言」は子供の頃父親から口移しに教えてもらっていたが、真言は奥が深いということを教えてくれたのは先住である。いくらでも深読みができ、だからある意味誤解もされ易く、例えば髑髏の前でセックスをするという真言立川流などといった邪教まで現れる。

大阪市内にあった墓地は都市開発で多く他に移されたが、千日前の墓地だけはそのままだ。繁華街にあるから浮浪者が入り込んだり供え物が食われたりするので、きちんと整備され、夜間は入れなくなった。墓地の真ん中あたりにある筒井家の墓の隣は、「今頃は半七さん、どこにどうしてござるやら」というあのくだりで有名な浄瑠璃「艶容女舞衣《はですがたおんなまいぎぬ》」の、三勝半七の墓である。この千日前で心中したのだ。そんな古い墓地だから、とんでもない差別戒名がつけられていたり、

「酒呑顚倒居士」などという罵倒に近いものがあったりする。父親は科学者だからというので戒名を拒否していたが、動物学者だったから「獣士」などという差別戒名を恐れたのかもしれない。位牌を作るのに戒名なしではどうにも具合いが悪いので、先住にお願いして作ってもらうと「蓮法院鳳園嘉堂居士」という立派な戒名になった。「園」は動物園長をしていたからで「嘉」は嘉隆の嘉。うまくつけるものである。

法事のたびに親戚たちと共に聞かされた先住のお説教は実に面白かった。これはお説教ではなく、先住が家にお出でになった時に聞かされたことばだが、若い子たちの悪事に対してその責任はわれわれ寺の者にもあるのではないかという述懐だった。昔のように悩み、煩悩のある者が寺へ相談に来るということもなくなった今、むしろわれわれが機会ある毎に若い人たちと話すことが大事なのではないかということであった。なるほど、そう言われてみれば、おれも若い頃からお住さんからこんな話を聞かされていればよかったのにと思う時もある。

先住が亡くなられた時の葬儀には夫婦で参列させていただいたのだが、この時は驚いた。遅れて行ったにもかかわらず檀家の旦那衆が居並ぶ中、一番前の席に案内され、京阪各地から来られた百人を越すお坊さんたちと対面する形になったのだが、このお坊さんたちが一斉に声明をはじめたのである。とてつもない迫力であり、乱れることがない。圧倒的であった。

などと書いてはいるが、真言宗はあくまで先祖代々から受け継いだ信仰であって、小生自身は別段それほど熱心な仏教の信者ではない。

幼い頃には「カトリック聖母園」という幼稚園に通っていた。ここではイエス様の教えを叩き込まれ、さまざまな逸話を教わり、のちに作家になってからは特に調べたりして勉強することもなく『ジーザス・クライスト・トリックスター』などという馬鹿な芝居を書き、自ら一座を組んで出演したりする素地となった。大学はカトリックではなくプロテスタントの同志社大学で、ここには必須科目として「宗教学」というものがあり、チャペルアワーという時間もあった。お祈りをし、お説教を聞くのである。

「宗教学」でどんなことを教わったのか、ほとんど忘れているが、ただひとつ、「他の宗教やその信者を軽蔑したり敵意を抱くような宗教であってはならない」ということだけは記憶している。小生は文学部だったが、ここの神学部はたいへん優秀で、現在月に何冊もの著作を出版している佐藤優なんて優秀な人が出ていたりする。イスラム教についてきちんと教えている大学もここぐらいではないだろうか。

だからと言ってキリスト教徒になったわけでもない。いわば無宗教であろう。ただ、そんな環境だったので、宗教的な神ではなく、そのさらに上に何かが存在しているのではないかという気がしてはいたのである。さもなければこんなに精緻な宇宙が偶然できてしまうわけはあるまい。だいたい人間というものが生きて動いているというのが不思議そのものである。宇宙がマクロの世界であるならば人体というのはミクロの世界であって、どこまでも無限に探索が可能であり限界というものがない。ではその無限の世界をプログラムし、作ったのはいったい何者か。それはどういう存在か。子供の時から何となく、上の方にいる存在として意識してはいたのだが、一方では親の本や着物を売り飛ばして映画を見歩いたり買い食いをしたりと、結構悪いこともしているので、さほど畏れていたわけでもない。それでも時には「ああ。こんなことをしているのを上の方にいる存在が見ていたとしたら」などと思うこともあったのだ。それが気になっていたからか、小生SF作家になってから『エディプスの恋人』という長篇に、自分は宇宙意思であるという存在を老紳士の姿で登場させていたりもする。

何者かによるプログラムがなければこんな宇宙が、地球上のことに限っても、進化の結果とは言えこういう完璧な形で出来するわけがない。ではそのプログラムは誰によって作られたのか。

そんな疑問はずっと持ち続けていたのだが、トマス・アクィナスやライプニッツに出会ったのは十数年前のことだ。と言ってもきちんと読んだわけではなく、たまたま読んだ哲学雑誌の何冊かに掲載されていた短い論文や紹介文、その他の「宗教的な神を否定している」哲学者や神学者、時には作家たち、即ちそれはダマスケス、クザーヌス、フォイエルバッハ、ヴォルテール、シュトラウス、バウアー、ロック、デカルト、スピノザ、そして特にディヴィッド・ルイスなどの小論文や紹介文を断片的に読んだだけだったのだが、これによって以前からの宇宙意思の存在という考えがまとまってきた。ディヴィッド・ルイスの多元宇宙に近い考えはSFそのままだったのでなおさら同感だった。だから、それらと同時に現存する宗教上の神というものを否定する考えにもなってきたのはしかたがない。

こうして小生の最後の長篇『モナドの領域』を書く下地ができてきた。なぜ最後の長篇かと言うと、幼い頃から徐徐に培われてきて、成長するにつれ次第に確実になってきた自分の考えの、今までどこにも発表していなかった思想をすべて吐き出すことになるのだから、あとはがらん堂であって、もうこれ以上のものは書けるまいと思ったからである。「最後の長篇」というのは『モナドの領域』の謳い文句にした。「本当にもう書かないのですか」と問う編集者や読者に対しては「ではあれ以上のアイディアは何かありますか」と反論することにしている。何しろいつ死ぬかわからないのだから、もしえんえんと長生きをして金に困ってきても書けないと断言している以上書くことはできない。それ相応の覚悟の上の発言なのである。

小生現在八十二歳。馬鹿な長篇を書いてしまって天罰が下るかどうか。まあ死にかたを見ておいて下さい。

(『月刊住職』二〇一七年正月号)

（写真／岡戸雅樹）

Ueno Chizuko

社会学者／日本学術会議会員

上野 千鶴子

1948(昭和23)年、富山県生まれ。京大哲学科卒、京大大学院社会学博士課程修了。京都精華大教授、ボン大客員教授、コロンビア大客員教授、東大大学院教授、立命館大特別招聘教授等を経て現在、東大名誉教授、認定ＮＰＯウィメンズアクションネットワーク理事長。フェミニズム・ジェンダーの論客として注目され特に2007(平成19)年『おひとりさまの老後』がベストセラーとなり、その言動は高齢社会問題に多くの影響を与えている。1994年『近代家族の成立と終焉』でサントリー学芸賞、2011年度朝日賞を受賞。近著『戦争と性暴力の比較史へ向けて』他。

コミュニティカフェとしてのお寺

上野 千鶴子

地域の茶の間として

コミュニティカフェがブームである。

なにもこんな舌をかみそうなカタカナことばを使わなくても、ニホンゴで「街の縁側」「地域の茶の間」「居場所」などと、いろいろなことばで呼ばれている。地域共同体が崩壊した今日、行き場のないひとたちがつどえる場所をつくろう、と動いたひとたちがいた。

高齢者が地域にひとりぼっちでとりのこされたとき、託児所ならぬ宅老所をつくろう、という動きがあった。介護保険以前のことである。介護保険には、デイサービスというしくみがある。だがそれも、要介護認定を受けなければ利用することができない。高齢者のうちで要介護認定を受けたひとはおよそ二割。おおかたの高齢者はデイサービスが使えない。それなら介護保険外で、年寄りの居場所をつくろうとする人たちもいる。それだって、何も年寄りばかりが集まることもあるまい、子どもだって若者だって、だれでも自由に出入りできる多世代型の居場所をつくろう、というのが、コミュニティカフェの運動だった。

やってくる人たちには、①資格がいらない、②理由がいらない、③口実がいらない。何をしているか、といえば、何もしていない。「茶の間」で何か特別なイベントをするひとなんていない。ただそこに共にいて、お茶をして、ご飯を食べるだけである。誰でもそこにいてよい場所、それが「地域の茶の間」なのだ。

「うちの実家」が閉まる！

新潟に、こういうコミュニティカフェのパイオニアがある。河田珪子さんが始めた、その名も「うちの実家」という。ジャーナリストの横川和夫さんが『その手は命づな』（太郎次郎社エディタス、二〇〇四年）で克明なルポをしているから読んでほしい。

とくべつなことは何もない。地域で空き家になった一軒家を借りて開放している。そして「うちの実家にいらっしゃいませんか？」と声をかける。同居家族がいても日中独居の所在ない年寄りや、不登校の子どもや引きこもりの青年、自殺未遂で半身不随になり家に閉じこもったままの娘さんなどに、「うちの実家にいらっしゃいませんか？」と呼びかける。それだけで話は通じる。「うちの実家」というネーミングを聞いたとき、そのうまさにうなった。わたしは北陸生まれである。新潟をはじめとした北陸の女には、「うちの実家」のニュアンスがすとんと腑に落ちる。「実家」の反対語は「婚家」。嫁いだ女にとっては、婚家とは姑の監視つきの二十四時間勤務の職場。それに対して、盆暮れに数日間、里帰りする実家だけが、この世で心からくつろげる場所なのだ。「うちの実家にいらっしゃいませんか？」という呼びかけは、そのメッセージをストレートに伝える。

その「うちの実家」が開設十年を迎えて、二〇一三年三月末で閉鎖する、というご案内をいただいたときのことだ。え、そんな、と驚いた人たちが終了前に現地を訪れたいと、新潟に駆けつけた。河田さんにどうして？　とお尋ねすると、

「困った、というときに助けてもらえる人間関係がつくりたくて、十年、やってきました。『うちの実家』がなくても、助け合える関係をつくりだすことができました。使命を終えたので、閉

じます」という答えが返ってきた。十年のあいだに、タネをまいて育て、数を増やした。今では新潟全県下に、合計二千三百カ所の「居場所」がある、という。

二〇一三年二月、わたしも「うちの実家」をお訪ねした。「先日、新潟のうちの実家へ行ってきました」というと、相手から「ウエノさんのご実家は、新潟でしたか」という反応が返ってくる。わたしは笑って誤解をそのままにしておく。こうやって、日本各地に「うちの実家」が増えれば、新潟の実家、京都の実家、札幌の実家、福岡の実家と、複数の実家が持てるなんて、すてきではないか。そこに行ったらいつでも「おかえりなさい」と言ってもらえる。

「うちの実家」は誰でも歓迎。厳冬期なのに、玄関は開け放してある。いつでも誰でも入ってこれるように。そこにいる誰かに顔見知りがなくても、「あなた、誰？」という顔をしない、というのがルールだ。かんたんそうで、むずかしい。顔見知りの集団のなかで、なじみができ、同調性が生まれ、ＫＹ（空気が読めない、の略語）が排除されていく……というのが日本の共同体だからだ。だから、コミュニティカフェは、地縁とも血縁とも違う。もちろん同じ功利的な目的を共有した社縁でもない。

わたしはこういうつながりを、「コミュニティの回復」とは呼びたくない。昔はよかった、でも、昔に返れ、でもないからだ。

選択縁というえにし

そこに自発的に集うひとたちのえにしを、わたしは「選択縁」と呼んできた（上野千鶴子『「女縁」を生きた女たち』岩波現代文庫、二〇〇八年）。誰からも強制されず、利害を離れて、自分の意思で選ぶつながりだからだ。

無縁社会にこそ、こういう「新しいコミュニティ」が必要だ、と多くのひとが唱えるが、ここでいう「無縁」の意味にも違和感を覚える。「無縁」の反対語は「有縁《うえん》」。いずれも仏教用語である。

中世史家の網野善彦さんに『無縁・公界・楽』（平凡社、一九八七年）という名著があるが、「無縁」とはベタに「縁が無い」という意味ではなく、憂き世の絶ちがたい有縁を自らの意思で「えんがっちょ（縁切り）」して仏のもとに集う「仏縁」のようなもの。つまり「無縁」という名のえにし、なのだという。ちなみに東日本大震災の年に、年末に選ばれる「今年の漢字」一字に「絆」という文字が選ばれ、清水寺の貫主さんが揮毫した。あとから聞けば、絆とは、馬や犬を繋ぎとめておく綱のことらしい。「恩愛の絆」のように、ひとを縛るものが絆なら、縁は結んだり、ほどいたりできるもの。わたしは「えにし」のほうが好きだ。

網野さんの研究によっても、もともと寺社の境内は「無縁」の場所。「無主」の空間でもある。だからこそ、ＤＶ夫から逃げた妻が駆け込めば離縁が成立する駆け込み寺があったのだし、盗賊や謀反人が逃げ込んでも、領主の支配の及ばない治外法権の場でもあったのだ。殺生は禁じられていたし、世俗の身分は仏の前ではなくなることになっていた。

お寺の活性化策

もともとお寺はそういう選択縁をむすぶ場所、つまり前近代のコミュニティカフェじゃなかったのか？　裏がえしに言えば、現代の「コミュニティカフェ」は世俗版のお寺さん、だと言ってもよいかもしれない。

お寺の活性化についてご相談を受けるたびに、スペースはあるし、飲食の設備もある、もともと前近代のコミュニティカフェだったのだから、改めて今様コミュニティカフェをおやりになれば、と言ってきた。なぜって新しくコミュニティカフェを始めるひとたちにとって、最大のハードルが、場所と設備というインフラを調達することだからだ。

お寺には、すばらしい庭園、ゆったりした空間、「縁側」の名にふさわしい内外をゆるやかにつなぐスペースの豊かさ、その気になれば何十人分ものお接待ができる厨房設備や什器類がある。インフラがすっかり整っているのに、活用しないなんてもったいない。

何よりそこにホストとホステスがいる。ひとを迎えてくれるのは、場所ではなくひと。お坊さんとは、来るものは拒まずのホストだったのだし、このホスト業は、坊守さんというホステスなしでは務まらない仕事だった。いわば夫婦共同経営の自営業がお寺というものだったのだ。それにしても坊守さんの地位が低すぎる、と多くの女性たちから嘆かれるが、妻が共同経営者であるという認識が成り立てば、その成果を共同経営者と分かちあうのは当然だろう。

そう言うと、「ウエノさん、ボクたち、とっくにやってますよ」と自信に満ちた答えを返してくれる中堅どころの僧侶に出会うことが増えた。

寺門興隆を画策するのはわたしのような部外者ではない。当事者であろう。

（『月刊住職』二〇一四年三月号）

（写真／今村拓馬）

Kang Sang-jung
政治学者

姜 尚中

1950(昭和25)年、熊本県生まれ。早大政治経済学部卒、同大学院政治学研究科博士課程修了。国際基督教大準教授、東大大学院教授、聖学院大学長などを経て現在、東大名誉教授。2016(平成28)年より熊本県立劇場館長兼理事長。専門は政治学、政治思想史。テレビ・新聞・雑誌などで幅広く活躍。主な著書『マックス・ウェーバーと近代』『オリエンタリズムの彼方へ』『在日』『姜尚中の政治学入門』『ニッポン・サバイバル』『愛国の作法』『リーダーは半歩前を歩け』『心の力』『君に伝えたいこと』『漱石のことば』『心』他。新著『維新の影 ― 近代日本一五〇年、思索の旅』。

お寺のない地域社会は考えられない

姜 尚中

私は三十代半ばの頃、埼玉県のプロテスタント教会で一応、洗礼を受けています。〝一応〟というのは、受洗の動機が、信仰に目覚めたからというよりも、その教会の牧師さんに人格的に私淑していたことが大きかったからです。むしろ、私に限らず日本人にとって仏教は抜きがたいものだと思っています。

私の両親は戦前に韓国から東京に移り住み、空襲を逃れて愛知県の一宮市に疎開しました。ですが、そこで空襲に遭い、私の兄で当時一歳だった長男を亡くしています。両親はその後、熊本市に落ち着き、私は熊本で生まれ育ちました。

母は素朴な伝来の祖先崇拝儀式を守る人でしたが、わが子を幼くして亡くしたこともあったのか、その信仰は篤いものでした。それが、日本での地縁関係が深まっていき、熊本市内のお西さんのお寺と親しくなったことで、シンクレティズムといいますか、もとあった信仰と仏教とが宗教的に混淆していったようです。

父が亡くなった時はその浄土真宗のお寺にお世話になり、月命日に必ずお参りに行くようになったことで、自然にお寺との関係が深くなっていきました。私も子どもの頃から母にくっついてお参りに行っていましたから、親鸞聖人と浄土真宗には愛着があります。

もちろん今もお寺とのご縁は絶えません。最近は各地のお寺からのお招きでスピーチさせていただくことがあります。

若い僧侶のみなさんとお話させていただく機会もけっこうありますので、お寺が直面している課題についても耳にします。

一つは、仏教離れです。広島市の繁華街にある浄土真宗のお寺のご住職は、苦笑いしながらこんなことを話されました。

「檀家さんが代替わりして、大都会に出ていた若いご夫婦が後を継いだんです。それで『仏壇はちゃんと供養されてますか』と聞くと、『仏壇みたいな縁起の悪いものはうちにはありません』

というお答え。啞然としました」

都会のマンションは建物の作り自体が仏壇を置くことを前提にしていないこともあるでしょうが、それがすでに仏壇を軽んじていることにもなるでしょう。

実を言うと、こうした風潮は日本だけでなく、ヨーロッパでもキリスト教離れが進んでいます。たとえばドイツのケルンでは、教会員が少なくなったために教会をリニューアルしてモスクにしてしまうという、非常にアイロニカルなことが起きています。イスラム教徒の人たちに教会の運営を預けてしまう。いまの時代は、大きな流れは脱宗教化で、こういう例がままあります。逆の見方をすれば、移民でドイツにやって来たイスラム教徒にとってモスクが不可欠だからこそ、こうした現象が生まれているともいえます。脱宗教化のなかで宗教化するという背反化した現象も同時に起きているわけです。

私は、本質的な意味で人々が宗教から離れていっているのではないと考えています。かえって、ある種の宗教的なニーズは強まっています。長寿社会を迎えた現代だからこそ、生老病死にかかわる問い掛けはより切実になっています。書店を眺めると精神世界やスピリチュアル系の本がズラッと並んでいるのも、その一端を示しています。一方で、私の目から見ると、既存の宗教のなかには従来どおりの形だけを守っていけばいいという考え方のところもあって、いわば〝まだら模様〟を呈していると感じています。

もう一つ、僧侶のみなさんからお聞きするのが、世代を超えてお寺を受け継いでいく上でのご苦労です。当然ながら、これは地域による偏差が大きい問題です。過疎化が急速に進む地域にあるお寺では、境内や建物をメンテナンスするだけでも大変だと聞きます。

ですが、私はそう簡単にお寺が廃れるとは思いません。二〇一六年から熊本県立劇場の館長を務めている関係で、県内各地を訪問する機会が増え、なかには限界集落とされる地域もあります。すると、「こんな過疎地に」と思うくらいの集落にもお寺はあります。こうした集落の過疎化は、昨日今日始まったわけではありません。それでも、お寺は地域に根ざしているのです。

ただ、私見は措いて、お寺の実感としては将来を危ぶまれているのも確かです。受け身でいるだけではなく、お寺にもアクティブさが必要なのかもしれません。

では今後、過疎化が進んで運営が厳しくなるなかで、お寺にはどういうような存続のあり方が必要なのでしょうか。私なりに考えてみました。

この世の中で私たちは普段、呆れるくらいくだらないことで一喜一憂して生きています。よく考えてみると、コミカルとしか言いようのない生活をしている。しかし時に自分の不幸、あるいは他人のことであっても突然として大変な不幸が起きると、人間は立ち止まり、人の世というのはこんなに儚い面もあるんだと思い、粛然とします。

こうした感覚は子どものころ誰かに教わったりするわけではなく、地域の文化のなかで人それぞれの内側から発生するものです。そして、そうした地域文化を支えるのがお寺です。神社や古来ある民間信仰を含めて考えてもいいでしょう。地域に残る言い伝えにしても、単なる迷信ではなくて、恐れおののくものがこの世の中にあることを示唆しています。

不幸に対して粛然とする感覚、人の世に対する畏敬がなかったら、いまのデジタル化された世界で、人は寄る辺をなくして漂っていくような不安に襲われるだけでしょう。信仰は、そんな不安から人を守る甲羅なのだと私は思っています。

子どものころの私は祖先供養に熱心な母を見て、正直なところ非合理だと思っていました。しかしいまは、自分が現在ここにいるのは時間の縦糸で過去とつなぎ合わされているからだと、何の疑問も持たず自然に思っています。この感覚こそが私を守る甲羅にほかなりません。そして、仏教離れといわれる世の中であってもほとんどの人がこの甲羅を身に着けて生活しているのです。

もしも甲羅がなければどうなるのでしょう。裸の人にとっては、自分の感性や考え方だけが唯一の拠りどころです。いとも簡単に人を傷つけたり命を奪ったりといった異様で陰惨な事件は、そんな寄る辺のない不安のなかで起きているのではないでしょうか。

お寺の存在は、船を安定させるためのバラストに似ています。仏教離れとはいっても、お墓参りの習慣は昔と変わりません。過去とつながることのできるお寺が、人々の精神に安定を与えているからです。そしてこの点で、お寺に代わる場所はありません。

私はお寺を、学校と同じように社会にとって非常に重要な、ある種の公共財と捉えています。住職も、単に檀家さんのためだけに存在しているのではなく、地域のなかでパブリックな意味を持っているのです。だからお寺はなくなってはいけないし、もしなくなってしまえば、極端な言い方かもしれませんが、地域全体の精神構造まで変わりかねません。

ただ、地域においてお寺が果たしているこの大切な役割について、人々はなかなか意識にのぼらせることはありません。東日本大震災の被災地でボランティア活動に参加したあるご住職は、被災者からこう言われたそうです。

「お坊さんが来るのは人が亡くなった時じゃないんですか」

住職さんはすごく複雑な気持ちになったそうです。お寺というのは本来、人間の生にかかわる場所なのに、葬儀や法要を執り行うだけの存在と思われていることを身に染みて実感させられたわけです。

私がお寺の行事に呼んでいただいてスピーチする時には、檀家でない人も聞きに来ています。そこでご住職が普段のお寺の取り組みを話すと、普段お寺に行かないような人は「ああ、お寺っていうのはこういうこともやってるんだ」と初めて知るようです。経済的な問題も含めて難しいテーマがたくさんあるなかで、多くのお寺が地域に根差したマルチな役割を担おうと試みていますが、外部にはいま一つ、認識されていないと感じます。

思うに、お寺の役割を伝えるためには、ご住職の強い意志に加えて、二、三人でもいいので、その意志をシェアできるアクティブな協力者がいると、事を運びやすくなるはずです。結局のところ、人がすべてです。

私にはどうしてもお寺のない地域社会というのは考えられません。難しいこともあるでしょうが、社会の最後の拠りどころとして、ぜひともお寺に頑張っていただきたいと思います。

（『月刊住職』二〇一八年二月号）

Watanabe Eri
女優／劇作家

渡辺 えり

山形県生まれ。高校時代に演劇を始め、1973(昭和48)年に舞台芸術学院、青俳演出部を経て、78年から「劇団3○○(さんじゅうまる)」を20年間主宰。その間、劇作家、演出家、女優として多くの話題作を発表。83年ＮＨＫテレビドラマ「おしん」の兄嫁役で脚光。日本アカデミー賞最優秀助演女優賞、紀伊國屋演劇賞など受賞多数。高村光太郎の半生をモチーフに「月にぬれた手」を、宮澤賢治をモチーフに「天使猫」を連続上演。シャンソン歌手としても活動し、2017(平成29)年には初のアルバム「夢で逢いましょう」を出す。18年６月に40周年記念公演新作「肉の海」を上演。

私の願う仏教

渡辺 えり

震災以降、宗教は本当に大事だと改めて思うようになった。

一瞬のうちに目の前の肉親を奪われ、自分だけが生き残ってしまったと、罪の意識にさいなまれて、眠れぬ日々を過ごす方も多い。

平成二十四年八月に宮城県の仮設住宅に慰問にうかがった時も、「毎夜毎夜自殺したくなる」と一人生き残った主婦の方がおっしゃっていた。

十一月には岩手県の仮設住宅と被災地にうかがったが、「みんな苦労したと思うと、自分だけが愚痴をこぼす訳にはいかない」とおっしゃる主婦の方がいらした。

東北人は我慢強く謙虚だといわれるが、みんな自分の感情を押し殺し、人に迷惑を掛けまいと必死にこらえ、明るく振る舞っておられる方ばかりであった。

先日「毎日自殺したくなる」とおっしゃった主婦の方から手紙が届いた。

「あの時、渡辺さんがいらした集会場で、思わず『自殺したくなる』と言ってしまったが、その後、同じ仮設住宅に住む方たちが毎日夜になると『大丈夫ですか？』と声を掛けてくれるようになった。外に出たくなくて毎日閉じこもってばかりいたが、あの日思い切って集会場に出かけ、意見を言って良かった。お陰でもう自殺したくなくなった」という内容の文面で、「亡くなった娘たちのためにも生きて行く」と締められていた。

自分にできることで少しでも何かの役に立ちたいと思っていたので、今回のお手紙は私の宝物になったのである。

ここで大事だと思ったのは、部外者が話を聞くということである。

同じ被害を受けた方たちはお互いを思いやり、自分だけの苦労を言っては申し訳ないと思い、我慢している。それは相当なストレスになり、自殺を考える方も少なくない。

私たちのような、被災していない人間が現地を訪れ、まず、被災した方たちの話を聞くということが大事なのではないだろうか。

そして、一緒に悲しみ、一緒になんとかしようと考える。物質的な支援も大事だが、精神的な支援が重要であるとの感想を持った。

そこで、宗教の出番である。

亡くなった方は二度と戻らない。亡くなったらもうおしまいだと言ってしまっては救われない。地域の住職たちが被災地に行って話を聞き、お参りしながら死生観を伝えることはできないものだろうか。

そうすれば多くの方たちが精神的に救われるのではないか、と思うのである。


平成二十四年の五月に公演した私の新作は「天使猫」という宮澤賢治の半生を描いた戯曲であったが、東北の復興のために書きたいと思い、賢治の資料を読み進めて行くうちに「仏教」というものの凄さを改めて知ることができた。

暗闇の中の波動から宇宙が生まれ、その宇宙さえもが滅びては生まれることを繰り返しているという究極の無神論。そして、生まれ変わるまでの時間のとてつもない長さ。極悪人でも修行さえすればいつか必ず成仏できるという思想。生命体はすべて平等で、みな平等に成仏できるという考え。

賢治が信じた『法華経』の和訳も三日三晩かかって読んでみたが、辞書を片手についでに色々と調べてみるうちに、二千五百年前から、非常な苦労をしながら、様々なお坊さんたちが庶民のためにその身を犠牲にしながら考えてきた思想が仏教なのだとしみじみ考えることができた。

飢饉があり、戦争があり、災害があり、差別があり、と、繰り返し起こった不幸を何とか庶民が乗り越えるためにと必死になって編み出してきた智恵と勇気が感じられる。

賢治が好きで繰り返し読んでいた『法華経』の個所に女性も成仏して菩薩になれるというエピソードがある。

賢治は男性しか菩薩になれないという仏教の教えに疑問を感じていたのに違いない。

インドに住む八歳の女の子がよく修行を積む知的で優れた人材だったので、釈迦の弟子が「あの子を菩薩にできますね？」と他の弟子に問うと、「いや、女だから無理だ」と言われてしまう。すると、その女の子は男性に変身して菩薩になった、という個所である。

私などは「なんだよ。男性に変身しないと菩薩になれないのかよ！」と腹を立ててしまうくだりだが、明治時代の当時にしてみれば画期的な考えだったに違いない。

元々修行したお坊様しか成仏できず、菩薩にもなれなかった仏教がここまで進化してきた歴史が凄い。そして、元々のインドでは仏教がすたれ、未だにヒンドゥー教が支配しているというのも不思議である。

未だにカースト制が壊されない世界というものが私には信じがたい。

カースト制を打ち砕こうとして仏教を立ち上げた釈迦という存在の凄さを、賢治を通して改めて思ったのだった。

日本のお坊様たちには第二次世界大戦の時の反省があるのだろうと思う。神道も仏教も戦争に加担してしまい、本来の目的に反して多くの犠牲者を出してしまった。

今後は同じ過ちを繰り返さないよう、何があっても多数に飲まれぬ覚悟が必要に思う。

ベトナム戦争の時には、戦争反対を叫び、多くのお坊さんたちが焼身自殺を図った。その映像は頭から離れない。

仏教では犠牲も修行のひとつで、崖から身を投げ、自分の体を虎に与えるという修行もあり、それも賢治がよく自作に取り入れたエピソードである。

しかし、その思想を逆に特攻隊や玉砕に転換して取り入れてしまったのが、第二次世界大戦での日本軍の恐ろしさであったろう。

イスラエル、パレスチナ問題での自爆テロが相次いだ時期によく日本の特攻隊と比べられ、旧日本兵たちが「それは全然違う」と反論していたが、多くの民のために犠牲になるという精神が国家のために利用されてしまうという点では似ていると言われても仕方がないところはあるだろう。

大国から攻撃を受ける小国で対抗できるのはいつも命だけだということは歴史が証明している。もうこんなことは二度と繰り返してはいけないはずなのに、今もまだ続いている。

私たちができることは一体何なのだろうと悩む日々である。

そういった心の葛藤を癒してくれるものの一つに読経があったら良いなと思うが、暗記しようとしても意味が分かりづらいという難点がある。

宮澤賢治の「雨にも負けず」の詩も戦時下の国民に質素を強いる政策に利用されてしまったが、この詩などは覚えやすく胸に響く。こういった口語体の御経などは誰かお坊様が工夫して作ってくれないものだろうか。

私が生まれたのは山形県山形市字村木沢大字山王という村で、三十世帯百人が山のふもとに肩寄せ合って暮らしていた。

村には幼稚園も保育所もなかったが、農繁期になるとバスで十分くらい町の方に下った門伝という村のお寺が子供たちを預かってくれた。私たちは「お寺様の幼稚園」と呼んでいた。まだ三十代の住職が紙芝居のような手作りの教科書を作って境内でお話をしてくれたのを覚えている。お寺の奥様が、迎えに来た父兄にお茶を出してくれたり甲斐甲斐しくお世話してくれていたのも思い出す。

今、美坊主などと言われ、美男子のお坊様が人気らしいが、まだ四歳か五歳の私も、眼鏡を掛けた美しいこのお坊様のことを魅力的だなと感じたことを覚えている。

幼い頃のことなので、何かの話とごちゃ混ぜになっているかもしれないが、お釈迦様が、無憂華の花の枝を折ろうとした、お母さんの脇の下から生まれた話などをしてくれるそのお坊様の声の良さに魅力を感じたのではないか、と思うのである。

最近、身近な人たちが亡くなるようになり、頻繁にお葬式に出るようになった。

遺影の前で御経を読むお坊様の後ろ姿に接することが多くなった。その時の御経の声の良し悪しでお葬式の空気感が大きく変わってくる。

残念なのは、御経の内容があまり伝わらないためか、演劇の世界では一本調子で気持ちの入っていない台詞の言い方のことを「そんな御経みたいな話し方はしないように」と、悪いたとえになっているということである。

お葬式の時に御経の内容が分かるようにならないだろうか。

インドで始まり、中国を経由して日本に伝わったために漢文で書かれていたということは分かるのだが、もう日本に伝わっているのだから、和訳してそれを読んでくれたら、お葬式がもっと心に響くものになると私は思う。

神道とキリスト教の葬式での神主と神父の言葉にはいつも泣かされる。

親しい人が亡くなった時に神主が「これが夢であったなら」と高らかに謳い上げた時、私は感極まって号泣してしまった。これは神主の言葉の意味が伝わったからなのである。その言葉に感情移入できたからに他ならない。

お葬式は本当に悲しく辛いが、その人の死を受け入れるための大事な儀式だと思う。

そのお葬式で大声で泣くことができれば少しはその人の死を受け止めることができるような気がする。

人間いつかは必ず死ぬ。しかし、親しい人の死は本当に苦しい。

未来を生きる人々にとって仏教がもっと身近で、苦しい人たちの心を受け止める存在であって欲しいと願うものである。

(月刊『寺門興隆』二〇一三年正月号)

Furui Yoshikichi
作家

古井 由吉

1937(昭和12)年、東京都生まれ。東大卒、同大学院独文科修士課程修了。立教大助教授を経て71年「杳子」で芥川賞を受賞し、以降著作に専念。80年『栖』で日本文学大賞、83年『槿』で谷崎潤一郎賞、87年「中山坂」で川端康成文学賞、90(平成２)年に仏教説話から生死への認識を綴った『仮往生伝試文』で読売文学賞、97年『白髪の唄』で毎日芸術賞を受賞。人の内面に分け入り精神の深部を描く独自の文体が高く評価されるなど現代日本を代表する作家。その他の著書『杳子・妻隠』『楽天記』『野川』『辻』『白暗淵』『鐘の渡り』『古井由吉自撰作品』（全８巻）他多数。

鐘の声

古井 由吉

　これは私と同年配の、もう八十歳に近い人の話になるが、幼い頃の遊び場と言えば、狭い路地のようなところでなければ、お寺の境内だったという。

　下町の育ちの人である。小ぢんまりとした巷《ちまた》のお寺で、境内もひろくはないが南へ向いていたので、とりわけ冬場には子供の溜まり場となった。背中におぶった赤ん坊をゆすりながら境内を行きつ戻りつする老女の姿も見えた。お堂の裏手には墓地があった。卒塔婆の先端がのぞく。春ともなれば墓地から陽炎《かげろう》が立つ。その光景が今になり懐かしく思い出される。陽炎の中で遊んでいたような気がする。すべて、空襲によって焼き払われた。

　山の手のほうになるが、私も敗戦の直後の一時期、お寺の多い界隈《かいわい》に暮らした。江戸期に市街地から「山」のほうへ越してきた寺院らしい。すでに古色蒼然としたお寺もあったが、空襲に焼かれて新普請のお寺もあった。

あちこちに焼け跡があったので子供たちは遊び場に不自由はしなかったが、興に乗れば町から町へと走りまわる。お寺の境内から墓地を、群れをなし歓声をあげて駆け抜ける。けしからん餓鬼どもである。その罰だが、墓地でしたたかに転んだことがある。その疵から高熱を出した。親は眉をひそめていた。しかし子供は懲りない。暮れ方に仲間と墓地を抜けて帰ってくることもあった。

青年期までは引っ越しの多い人生だった。それが、三十歳の頃にもう一度越して、まだ仮の住まいのように思ううちに、いつしか五十年近く居ついたきり、現在に至る。

あたりに三箇寺ばかりあるが、どれも歩いては半時間近くかかる。ここに住まう間、作家としてさまざまに書いてきたが、通夜や葬式のことは別にして、お寺が情景として出てきた作品は、一篇もないような気がする。明治や大正、昭和の初期までの先人たちの小説を読むと、お寺のある情景がよく出てくる。さりげなく描かれているが、読む私の眼はそこに留まる。

私の生まれる頃にはもう失われた情景らしいが、なにやら深い見覚えがある。私自身がそこに立って、つくづく眺めているような、そんな心地《ここち》がしてくる。それにつけても、今の世で小説などを書くのは、なんと味気ないことか、とつい溜め息ももれる。

お寺が近くにないことには、町がどうも町にならない、と思うこともある。たまにヨーロッパの都市をたずねれば、その街の中心の大教会のほかに、あちこちに小教会がある。「町内《ちょうない》」ごとにあるように見える。暮れ方の買い物帰りの女性がひざまづいて祈っている。人のいないベンチにぽつんと坐っている老人の姿も見える。

東南アジアの大都市の、高層ビルものぞく巷にイスラムの、モスクとは別の礼拝所らしいところがあり、そこへ昼間から人があがりこんでくつろいでいる。あがる前に、水場で足を洗う。ヒンドゥー教の寺院もあり、強い色彩の聖像の立ち並ぶ薄暗いお堂の中で、何人もが坐りこんで休んでいる。

お寺の鐘の音というものを、東京で生まれ育った私は日常に聞いた覚えがない。あるいは遠くにかすかに聞こえていたのを、忘れているのかもしれない。

戦争が本土に迫る頃に、寺々の鐘が軍需のために供出させられたと聞く。梵鐘が融かされて砲弾などに化したわけだ。たとえ供出をまぬがれたとしても、おおっぴらに鐘を撞くのははばかられたのだろう。

永井荷風が、昭和の十年の頃のことと思われるが、東京の鐘の音のことを随想の中に書いている。芝の増上寺から麻布の高台へ伝わってくる鐘の音らしい。二、三日荒れた木枯らしが、冬の日の暮れるとともにぱったりと止んだその静まりの中を、最初のひと撞きがコーンとはっきり耳についてきた、という。さらに、糠雨《ぬかあめ》の雫が庭の若葉の、葉末から音もなく滴《したた》る薄暗い昼過ぎに、鐘の音がいつもよりいっそう遠く柔らかに聞こえてくる、とある。さらにまた、秋も末に近く、ひと宵ごとに力を増すような西風に、とぎれて聞こえてくる鐘の声の、寂寥感を荷風は噛みしめている様子である。それにつけても、我が身に迫る老いと、戦乱へ傾く世の移りとを感じさせられたらしい。そして随想の結びは、

——たまたま鐘の声を耳にする時、わたくしは何の理由もなく、むかしの人々と同じやうな心持で、鐘の声を聴く最後の一人ではないかといふやうな心細い気がしてならない……。

昭和十一年、荷風の五十七の歳の作品である。その翌年に私は生まれている。そのわずか八年後の昭和二十年に、荷風の麻布の住まいも、郊外の私の家も、空襲で焼き払われた。あるいは、近頃しきりに鐘の音が耳につくようになった荷風の感慨の内には、東京の炎上の予感がふくまれ

ていたのかもしれない。

私にとってはしょせん、知らぬ鐘の音である。それなのに、冬の冴えた空気にくっきりと響く、あるいは初夏の小雨の中にやわらかにふくらむ、あるいは晩秋の風にとぎれがちに運ばれてくる、そんな遠い鐘の音へ、私もつくづく耳をやったことがあるような気がする。

往古の歌集を読むうちに、鐘の音を詠《よ》みこんだ歌に出会うと、いましがた聞こえたかのように、遠くへ耳をやることがある。

千年もの時空を渡ってくる鐘の声ということになるか。花の頃の、霞を洩れる鐘の音、という。恍惚感を誘う。入相《いりあい》の鐘をつくづくと、今日もこうして過ぎたかと聞く。寝覚めに聞く鐘、これには年を取るほどに身につまされる。わびしい。しかし何かと事にまぎれる人生にあって、我に返った心地もするのではないか。

——諸行無常の鐘の声　聞いて驚く人もなし

そんな歌謡が近世にはあったそうだ。これが世の人の常であろう。しかしひとつの寺の鐘を、その声の渡る範囲の里や街の人が揃って耳にする。聞くともなく聞く。それだけでも功徳ではなかったか。ほんのつかのまの、意識にもならぬ、悟りというものはある。悟りとまでは行かなくても、しばしのあらたまりはあるだろう。諸行無常の声は、哀しみではあるが、人生に行き詰まった者には、救いでもあるはずだ。

今の世の寺院は朝夕に鐘を撞くわけにもいかないのだろう。山寺でもないかぎり、やかましいとの苦情が近隣から出ると思われる。まして夜中や夜明けに鐘を鳴らせば、寝覚めがちの高年者から、あの音を聞いていると、わびしくてしかたがない、と泣きつかれるかもしれない。

西洋の旅の宿で私も幾度となく、街の教会の鳴らす夜の時鐘に眠りを破られた。あれはわびしいものだ。梵鐘のような幽玄な音色にとぼしいので、なおさらのことだ。しかし鐘の音の残りを数えるうちに、柄にもなく、来し方行く末を思わせられる。自身の過去よりさかのぼる来し方のように、そして自分の生涯をも超える行く末のように、しばしば感ずる境はある。いまこの鐘の声を、何人もの、見知らぬ人たちが寝覚めて聞いているのだろうと思えば、わびしさもやすらぐ。

——明《あく》るやら西も東も鐘の声　野水

芭蕉七部集の、連句の内に見える。

「明るやら」とあるのは、未明に寝覚めして物を思ううちに、鐘の音が聞こえてきて、夜の白々《しらじら》と明け染めたのを知るということだろう。鐘の音へ耳をやる人物は、その前の句に「盗人の妻」

とあるから、あわれである。「明るやら」というつぶやきも、女人の唇を思わせる。そして「西も東も鐘の声」とは、昔の市街は、あるいは里も、そんな暮らしだったのだろう。

朝夕の鐘の音も聞かぬ現代の大都市に住まう者として、うらやましい気がする。今でも鐘の音を聞いて暮らす土地があるなら、いよいようらやましい。

しかし今の世に寺院というものがあるからには、音にならなくても鐘の声は、おのずとある、とそう思いたい。寺院そのものが、鐘の声ではないか。諸行無常を告げるばかりではない。来世のことはさて措き、過去の衆生の存在を、今の衆生に感じさせる。過去の衆生の重みが掛かったほうが、根から浮きがちの今の人間は、生きやすいのかもしれない。


（『月刊住職』二〇一五年四月号）

Miura Yuichiro
プロスキーヤー／冒険家

三浦 雄一郎

1932（昭和７）年、青森県生まれ。64年にプロスキーヤーとしてイタリア・キロメーターランセに日本人として初参加し時速172.084kmと当時の世界新記録を樹立。66年スキーで富士山直滑降、また70年エベレスト・サウスコル8000m世界最高地点からの滑降を成し遂げ、記録映画『THE MAN WHO SKIED DOWN EVEREST』はアカデミー賞受賞。85年世界７大陸最高峰のスキー滑降を完全達成。2003（平成15）年には子息の豪太氏と共にエベレストを当時世界最高年齢（70歳７カ月）で登頂、さらに13年80歳でもエベレスト登頂など数々の新記録を樹立。現在、クラーク記念国際高等学校の校長。

命を救ってくれた先祖の霊

三浦 雄一郎

二〇〇八年、私は七十五歳のとき、二度目のエベレスト登頂を成し遂げた。そこには、運が良かったとしか言いようのない不思議な現象があった。それは霊界から先祖の霊が降りてきて、私を命がけでサポートしてくれていた次男の豪太の命を救ってくれたというものだった。

平地の三分の一以下の酸素と超低温で、地上ではもっとも宇宙に近いヒマラヤの標高七五〇〇メートル以上の高所はデスゾーン（死の地帯）と呼ばれている。エベレスト山頂を目の前にしたこのデスゾーンで、豪太は恐怖の臨死体験をした。

八〇〇〇メートルのサウスコル。この地球上でもっとも高所のキャンプまで、豪太は重さ四十キロ以上のザックと身につけた高所靴などの重量で、酸素ボンベを使わずに登り続けていた。

「ゴン、無理するな。シェルパに半分持ってもらえ」と言うのに、彼は無理をしてとうとう八〇〇〇㍍までかつぎ上げた。その無理で肺水腫と脳浮腫という、致命傷になる高山病にかかってしまった。

咳をすると肺から血がふき出してくる。肺水腫は呼吸をしても肺に酸素が入ってこなくなり、やがて脳浮腫、脳の毛細血管から体液が滲み出し、緊急に対処しなければ死に至る。

このときの状態を豪太は生還後に話してくれた。

「ザックを遠征隊マネジャーの五十嵐さんの方に差し出して前に屈んだ。するとそのわずかな動作で後頭部から背中、両手両足までスーッと冷たくなり、何も感じなくなった。意識が遠のいた。目の前にある世界が突然揺れる。自分の意識が身体から離れていくような感じだ。戻ってきた意識の中で八〇〇〇㍍の高所でこれがどれほど危険なことか。胸には先日生まれたばかりの赤ん坊の写真がある。それを握りしめ意識を集中しようと努力する。こんな所で死んでたまるかという思いが強くなる。すぐ下山する決意をするが、その間にも何度かまた自分自身が違う世界に引き込まれそうになる」

ここからが豪太のオカルト的な話になるのだが、

「僕がＣ２（六四〇〇メートル）へ下りようと立ち上がるとまだ頭がぼやっとしていた。目の前の視界もゆがんでいる。前にはニマ・シェルパ、後ろにはペンマ・シェルパがついてくれている。二人に挟まれるようにサウスコルのトラバースを歩くのだが、もう一人別の気配を僕のすぐ左に感じる。それは男性で僕に一方的に話しかける。声は低く何度もせっかちに『早く下りろ』と言ってくる。左側を見ようとすると左後ろに行ってしまう。その男は何度も容赦なく『早く下りろ、足を前に出せ』と言うけれど、先ほどから右手と右足に思うように力が入らない。何度も躓いて転びそうになる。ここで転んだら一気に三〇〇〇メートル落下してバラバラになる。するとその声が『バラバラになるぞ』と言ってくる。たまに声を無視して座り込む。あまり急ぐと呼吸が間に合わず、また意識がなくなりそうになる。それでもその声は執拗に『休むな、早く下りろ』と命令口調で言う。トラバースを終え、ジェネパスパーに下りる斜面に来た。ここで下降器のエイト環をシェルパにつけてもらう。もしかしたら助かるかもと思う。そこから先へ進めば標高は八〇〇〇メートル～七〇〇〇メートルと下がっていく。このあたりから先ほどの気配がまったくしなくなった。あたりを見渡しても前と後ろにシェルパがいるだけだった」

遭難者の報告で、よく遭難者が幻の人物と話したり、遭難している間、何日にもわたってその人物と一緒に行動を共にしたとの記述がある。

豪太は意識を失う前に、脳浮腫に効くステロイド系の薬、デキサメダソンの注射ができた。これは即効性のステロイド薬で炎症や浮腫を取り除いてくれる。シェルパに声をかけてザックの中のものを出してくれと頼んだ。このとき豪太の右手は完全に麻痺して動かなくなっていた。豪太は口でデキサメダソンの容器を割って注射器に吸い込み、空気を抜いて自分の脚に差し込む。分厚いダウンの衣服の上からそのまま刺す。マイナス20度以下の八〇〇〇㍍の氷の上で意識が遠のいていく状態では、これしかなかった。

ダウンパンツの上からなので、どれくらい刺せば脚の筋肉に届くのか分からないが、とにかく「ブスッ」と痛みが感じるところまで刺して、デキサメダソンを注入する。

五分ほどすると、ゆっくり手足の感覚が戻ってくる。後頭部の痺れも薄れてきた。意識もそれまでよりもはっきりしてくる。さらにこの事態に対処するために衛星携帯電話で日本の事務所に電話を掛けた。待機している小林義典先生に指示を仰ぐ。先生から「すぐ高度を下げてデキサメダソンを二時間後にまた打ちなさい」ということだった。

これも運が良かったし、意識を失う前にデキサメダソンの注射を左手で打てたのも一時の意識を戻すのに役立った。

ローツェフェースを下りきったとき、先日、登頂に成功した山本隊の山本篤さんと加藤慶信さんが心配して様子を見に来てくれた。彼らは八〇〇〇メートル以上の高所で脳浮腫になった人のほとんどが悲惨な結果に終わっていると言う。そんな中、豪太がこれほど早く傾斜が五十度以上もある距離二キロの氷の壁を自分の肺で、それに右手右足が麻痺して動かない状態で下りてきた姿を見てびっくりしていた。ほとんどの突然死や高山病での死亡事故は判断の遅れと処置の遅れで起こっている。

高所での事故は、その多くは「突然死」という一言で片付けられてしまう場合がある。今回はたまたま豪太には一緒に下ろしてくれた二人のシェルパがいた。わずかながらも意識をもって自分でデキサメダソンを注射することができた。そしてサードマン、いや先祖の声が、ほとんど意識を失いかけた時に「早く下りろ」「落ちたらバラバラになるぞ」と何度も何度も聞こえて、そのたびごとにハッとして意識が戻って命拾いをしていた。

実は遠征期間中に豪太がこうした状態になる数日前に、日本から連絡が入っていた。

豪太の母親（朋子）が、東北にいるあるイタコに会いに行き、そのとき、

「先祖の霊たちが見守るためにヒマラヤに向かっている」と言われ、さらに「豪太の右肩、右側に気をつけなさい」

と忠告され、そのメッセージを現地のキャンプへ伝えていたのだ。そのとき豪太はよく意味が分からず、多分、落石に注意せよという意味だろうとヘルメットをかぶり始めた。メッセージはまさに右半身のマヒの状態に気を付けるように注意していたのであろう。

登山家や極地探検家が「生死の境を彷徨するほど極限の状態におかれたときに、生還への道を示してくれる天使のようなものがいる」とよく言われたりしていた。これは「サードマン」と言われている。

豪太の命を救ってくれたサードマンは先祖の霊だった。

同じ日に登ったスイスの登山家は、登頂した帰りに遭難していた。

エベレスト山頂を目前とした超高所で重篤な高度障害に陥った豪太は登山医学の世界で120％死んでおかしくない状態だと、あらゆる医師たちから言われた。自力で下山し、無事生還できたのは奇跡だった。豪太が生死の境を彷徨っていた同時期、私は命懸けで八八四八㍍の登頂を目指していた。無線を通じて豪太の無事を確認できたとき、自分の登頂よりも自分が生きていることよりも嬉しかった。

本当に不思議な話だが、あの下山中の声がなかったら豪太は死んでいた。豪太だけじゃないかもしれない。私自身が無事七十五歳でエベレストの頂上に立って生きて帰れたのも、見えぬ力、ご先祖様のお守りがあったのだと思う。

普段は型どおりのお参りをしているくらいの不信心な私たちでも、先祖の霊は守ってくれているのだ。

心からの感謝を大いなる愛へ。ご先祖様、本当にありがとうございました。

（『月刊住職』二〇一八年正月号）

Hashimoto Osamu
作家

橋本 治

1948(昭和23)年、東京都生まれ。東大国文学科卒。在学中、東大五月祭のポスター「とめてくれるなおっかさん　背中の銀杏が泣いている　男東大どこへ行く」のコピー・イラストで注目。イラストレーターを経て77年小説『桃尻娘』が小説現代新人賞佳作となり、以後、独特の文体と該博な知識を駆使した小説、評論、随筆で脚光を浴びる。とくに桃尻娘の語り口を清少納言にやつした『桃尻語訳　枕草子』(87－88年) がベストセラーとなるなど古典文学の現代語訳、二次創作にも秀作が多い。近著『結婚』『失われた近代を求めて I II III』『巡礼』『草薙の剣』他。

宗教が形だけでもいいじゃないか

橋本 治

私は宗教心がありません。だから、仏典を読んで心が洗われるというようなこともありませんが、自分はどこかで仏教的な考え方をしているなとは思います。

宗教心のない私ですが、だからと言って「今の宗教は形式化したからだめだ」とは思いません。形式を持たない宗教が、危険なものになりうるということは、「カルト宗教」と呼ばれるもののあり方が証明していると思いますし、「形式があるからこそ宗教は人に理解される」という一面もあるのではないかと思います。

以前に私は『巡礼』という小説を書きました。主人公は、ゴミを集めて回るゴミ屋敷の住人です。『巡礼』というタイトルだけが先にあって、ゴミ屋敷の住人を主人公とする前は、徘徊老人を主人公にするつもりでした。「なぜ認知症になった老人は徘徊行為を繰り返すのだろう？」と考えて、それが神や仏を失って向かう場所をなくした巡礼行為のように思えたからです。

「寺参りは老人の仕事」という昔の言葉もありました。老人の寺参りは「後世の安楽を祈る」だったでしょうが、もしかしたらそんな具体性さえもなくて、「そこに寺があるから寺に参る」だったというのが、本当のところかもしれません。人は今でも、意味とか理由とかとは無関係に「そこにお寺があるからお参りをしとこう」ということをします。

寺という形、札所という形式があればこそ、巡礼という行為は可能になります。「巡礼という行為になんの意味があるのか？」ということを知りたかったら、実際に巡礼をしてみて、そこから意味を引き出せばいい。宗教とはそういうものではないかと私は思って、「参る目的があるのかどうか分からないけれど、参ること自体が目的である」という種類の寺参りが復活すれば、徘徊という悲しい行為も少しは減るんじゃないかと思ったのです。

「それになんの意味があるの？」という問いかけをやたらとするのが現在ですが、「意味なんか人に聞かずに、自分で考えろ」と言いたくなります。「なんの意味があるのか分からないもの」の意味はそう簡単には分かりません。「あるものには、等しくあるものなりの意味がある」というのが本当だと思う私は、一々に細かい説明を与えるより、全体を包括する「形式」を与えてしまった方がいいと思います。形式主義というのは、形式を大事にしない人が陥る薄っぺらな間違いなのではないかと思います。

たとえば葬式です。気の利いたことを言う人たちが葬式を「形式主義的なもの」と考えるようになったのは、葬式が本来持つ形式の重さを簡略化して、段取りだけですむものにしてしまった結果のようにも思えます。確かに、参会者が死者と共に一晩を過ごす昔ながらの通夜は、現代ではもう無理でしょう。通夜ぶるまいの食事が精進物でなくなっているのも仕方のないことかもしれませんが、動かしてはならないものが一つあります。それは、葬儀の中心にいるのが「導師」である僧侶だということです。

いつの間にか、自分の家で葬儀をやるという習慣がなくなり、葬式は大きな葬儀場でやるのが普通になってしまいました。「葬式をやるには家が狭い」という理由からではないでしょう。昔は狭い家でも「忌中」と書かれた紙を貼った簾を戸口に掛けて、自分の家で葬式をやっていました。だから、「あそこの家は葬式だ」ということがすぐに分かって、死が身近なものとしてありました。檀那寺を持たない家が増えた結果、「僧侶を自分の家の葬式に呼びようがない」ということになり、死というものを現実から切り離して考えたいという風潮が重なった結果ではないかと思います。

葬祭センターで葬式をやるとなると、もう僧侶が主役ではありません。主役は、葬儀というセレモニーを進行させる葬儀社の人間です。「導師のご入場です。お立ちください」とか「ご親族の方からご焼香をお願いします」とかを、マイクの前に立った葬儀社の人間が言います。昔は、そんなことを言われなくても、坊さんが来ればみんな頭を下げました。座敷に正坐して迎えるのが普通だから、「椅子から立つ」などということは不要でしたし、「ご焼香を」と言うのは、坊さんの仕事でした。

今では「出棺の前に祭壇の花を下ろして棺に詰める」ということも一般化して、そういうセレモニーを動かす段取りを、葬儀社の人間が務めます。なんだかよく分からない経の声が続く間、足のしびれに堪えて坐っているという葬式は、もう行えなくなったのかもしれません。

でも私は、葬儀の中心にいるのは僧侶で、僧侶の読経の声こそが葬儀の中心にあるもので、その声は葬儀社の社員の声を圧するほど大きく響くのが当然ではないかと思います。それこそが「死者を送る」ということではないでしょうか。それは「予算の問題」でもあるのかもしれませんが、なぜ普通の葬式ではお坊さんが一人しか来ないんでしょう。何人もの坊さんが声を合わせてくれると、「ああ、葬式だ」という感じがします。

格安で、寺の方で手配をしてくれて、「葬式には坊さんを複数で出す」というシステムを作ってくれないかと思います。

葬式とは、遺族や参会者のためにあるものではなくて、まず送られる死者のためにあるものです。生前、「お経なんか分からない。そんなもの上げてくれなくてもいい」と言っていたとしても、死んだ後になってみればどうかは分かりません。「死んだ後で分かったけれど、経文というのはしみじみ心にしみてありがたいものだ」と思うかもしれません。生きていた時のエゴはみんな捨てて、素直に死者になれるように、お経の声はガンガン死者の耳にしみるようなものであってしかるべきではないかと思うのです。

今や、よほど身近な人間でもなければ、「その人が死ぬ」ということにピンと来ません。下手をすれば、身近な人間の死に対してさえピンと来ない人間だって増えています。「人の命は軽からぬ」という説法をするのも大事でしょうが、「ここに死がある」ということを教えて「死に対して人は、日常の時間とは別のしんどい思いをしなければならない」ということを当たり前に理解させることも必要なんじゃないかと思います。

最近では「葬式無用」の遺言をして死ぬ人も増えています。「社会から引退している」というような人ならまだいいですが、現役バリバリの人だと、「葬式はするな。死んだと人にも知らせるな」と生前に言っておいたりします。でも「あの人は死んだ」という話はすぐに伝わって、「弔問の電話」や「弔問に行ってもいいですか」の電話がやたらかかって、遺族は大変なことになります。「なんでも自分で決められる」と思い込んでいるのが現代人の悪いところで、死んだらなんにも出来なくなるのです。一人で「死ぬ」は出来ても、その死んだ体をそのままにすることは出来なくて、死んだ体を片付けるのには、他人の助けが必要なのです。だったら、「葬式はするな」なんてことは言わずに「悪いけど、葬式はしてくれないか？ 安上がりでいいし、そのための金くらいは、どうなるか分からないが用意しておくつもりだけれど、ごめんね、それぱっかりはちょっと分からない」程度の遺言はあってもいいんじゃないでしょうか。

葬式をやらない人のために、有志が集まって「送る会」などを催したりします。それはそれでいいのですが、それは「宗教抜きの葬儀」で、「故人を送る音楽」が流れていても、なんだか気の抜けた、中心を欠いたものになります。相手はもう「生きている人」ではないので、「生きている人の弔辞」が届くかどうかも分かりません。

生きていた時の故人の意志はともかくとして、死んだらもう別です。宗教というのは、「頭で考えても分からない先のこと」を管轄するものでもある以上、「形式から入って、後で分かれ」になるのは仕方のないことで、「なんでも自分の頭で分かれちゃう」と思うシロート人間が増えた現在では、「形式を拒んでいると大切なことが見えなくなっちゃうよ」とまず最初に言うことが重要なんじゃないかなと思います。

（『月刊住職』二〇一四年十二月号）

Shinsan Nameko
漫画家／コラムニスト

辛酸 なめ子

1974(昭和49)年、東京都生まれ。武蔵野美大短期大学部卒。1994(平成６)年に渋谷パルコの『GOMES』主催の漫画グランプリで、GOMES賞を受賞し漫画家として注目される。翌年Webサイトで『女・一人日記』を開設するなど早くからインターネットに関わる。漫画のみならず独特のエッセイやコラムを雑誌等に連載中。テレビ番組のコメンテーターも務める。主な漫画『ニガヨモギ』『魂活道場』等。主なエッセイ『自立日記』『女修行』『開運修業』『女子校育ち』『大人のコミュニケーション術～渡る世間は罠だらけ～』『おしゃ修行』『霊道紀行』 他多数。

お寺の楽しみ

辛酸 なめ子

このところお寺に縁があります。前は、パワースポットとしてのご利益を求めて神社によく行っていたのですが、年齢的に人生の折り返し地点を迎えてからはお寺のことが気になります。かつてはお墓のことが怖かったのですが、グレーの服ばかり着ている今は、お墓の色彩が落ち着きます。お寺の並ぶ町を歩いていて「納骨堂」「永代供養」と書かれた看板を見かけると、「納骨されたい……」「永代供養、うらやましい……」といった思いがよぎり、しめやかな気持ちになります。

秋には京都に行き、気付いたら、お寺ばかり巡ってしまいました。電車に乗っていたら、秋の京都非公開文化財特別拝観という催しが各所で行われていることを知りました。女性誌の京都特集には載っていない情報で、さすが京都は敷居が高く、現地に行かなければ分からないことが多いです。

ふと、心惹かれた「知恩院三門特別公開」に行ってみることにしました。不勉強なのではじめて知ったのですが、知恩院は浄土宗総本山という格式高い寺院で、そういえば四年前亡くなった母の葬儀は浄土宗で執り行われたのですが、母が導いてくれたのかもしれないと思いました。お寺の敷地は静寂に満ち、庭園はあの世とこの世の境い目のような幽玄な空気が漂っていました。奉仕のためか、参拝者の団体が境内の草むしりをしていて、年齢層も高く、一瞬ここはもうあの世なのかもしれないと錯覚しそうになりました。実際に、このお寺の境内に入るまでの階段、男坂が非常に急で手すりがなく、途中で落下しそうな恐怖に襲われたのです。お寺にお参りする直前で、死を意識することになるとは。もしお寺の門前で死んだら速やかに成仏できそうです。格式高い寺社に入るには、それなりの試練が課せられるのを痛感。あとでなだらかな女坂の存在を知り、脱力しましたが……。そしてこれだけの階段なので同様に危険を感じた参拝者がいないかどうか、後日「知恩院　石段　怖い」で検索したのですが、危険性を訴えている人はほとんどいませんでした。お寺という守られた空間で、人は恐怖を感じないようになるのでしょうか。心が動いてしまった私は、まだまだ修業不足だと反省しました。

知恩院には、歩くと鶯の鳴き声に似た音が出る木の廊下とか、ふすま絵からスズメが飛んで行ったとか、どこから見ても目が合う猫の絵があるとか、不思議な言い伝えがあり、昔話の世界をタイムトリップ的に体感できました。美しい庭園を鑑賞したり、不思議な伝説を探したり、スリリングな階段やアップダウンを体験したり、お墓でゾクゾクしたり、お寺にはエンターテインメント性があります。遊園地がなかった時代、お寺には老若男女がつめかけたことでしょう。心の平安と娯楽の両方を与えてくれるなんてコスパの高いスポットです。

肝心の知恩院の三門は、さらにスリルがありました。特別公開の三門にやっとたどりつき、中を拝観しようとしたら、ほぼ垂直の階段が！　一応つかまるロープがあって助かりましたが、ロッククライミング感覚でなんとかよじ登り、最上階の天井には照明がなく薄暗い中、極彩色で龍や天女が描かれているのが見えました。この三門を作るために建築費や人件費がかさみすぎてしまい、建築を仕切っていた棟梁とその奥さんが責任を取って自害したそうです。なので夫妻の像も鎮座していました。簡素な坊主頭の像が不憫で、目頭が熱くなりました。夫婦は後世にこんなすばらしい芸術作品を遺したのだから死ぬ必要なかったと思います（合掌）。しばらく、三門内の霊験うずまく空間にたたずみ、勇気を持ってまた急な階段を下りました。「降りる方が怖いわね」とご婦人が話しているのが聞こえ一瞬身がすくみましたが、仏様のご加護のおかげで無事に地に降りることができました。

京都滞在中は、他にもガラスの茶室や東寺の特別公開など、素晴らしい空間を堪能し、仏教と芸術の結びつきについて考えさせられました。将軍塚青龍殿のガラスの茶室（吉岡徳仁作。二〇一六年三月まで展示）も俗世と隔絶された霊界のような雰囲気で、現実世界の悩みなど忘れて逃避。お寺は心を無にして沈静化させる効果があるようです。そして心の奥が癒されるような……。神社で波動が高まってエネルギーがわいてくるのと対照的です。お寺の方がなじむということは、やはりある程度の年齢に達したということでしょうか。

東京に戻ってからも、柴又の帝釈天や、増上寺など、お寺づいていました。帝釈天にちゃんとお参りしたのははじめてでしたが、回廊式庭園の素晴らしさは都内随一で、例の寅さんの産湯の水もこんこんと涌き出ていました。ガラス張りの建物の中、寺院建築を鑑賞できる常設展示もあり、龍や仏さまの浮き彫りの精巧さに驚きました。このような技術はお寺とともに後世へと伝えられていくのでしょう。

二〇一五年には、何度も訪れる機会があったのが芝の増上寺です。こちらも浄土宗なので母の導きでしょうか。毎年のように行っているのが、ここ数年、増上寺で行われている「向源」という催しです。最近お坊さんのニューウェーブというか、いけてるお坊さんが宗派を超えて集まり、イベントやファッションショーを開催したり、バンドを組んだり（歌詞が「お布施を払おう♪あの世も安心♪　とか絶妙でした）、バーを開いたり、ポータルサイトをやったりしていますが、「向源」はアメリカでMBAを取った青江さんというやり手の僧侶が企画しています。増上寺で、お坊さんと科学者のトークセッションとか、坐禅や礼拝の教室とか、写経や写仏、お坊さんになんでも相談できるコーナーとか、楽しくて霊格も高まりそうなプログラムがたくさん用意されているイベントです。なぜか飲食コーナーには「いのしし汁」「豚角煮」「エゾ鹿ソーセージ」など、がっつり肉系が多いのが気になりましたが……。

その中で最もインパクトが大きかったのが、お化け屋敷です。お寺の建物を完全に真っ暗にしているので怖くないはずありません。しかもお化け屋敷プロデューサー五味弘文氏が手がける、本格的な恐怖空間です。ストーリー設定があり、義理の父母にこき使われている不憫な少女、清恵が、ある時訪ねてきた僧侶に髪の毛をほめられて意識するようになります。それを快く思わない義母に髪の毛を切られそうになり抵抗したら鋏が義母に刺さって死亡。清恵も、髪の毛を編んだ毛綱で首を吊って自殺……という、救いのないストーリー。むしろお坊さんの余計な一言が惨劇を生んだような設定なのですが、そんな呪いの毛綱が、真っ暗闇の中に張り巡らされていて、客は毛綱をつたって進んで行く、という構成です。その間、怪奇現象に次々襲われ、巷のお化け屋敷ではなかなか体験できない霊気に包まれました。顔だけボゥっと浮き上がって無表情ですーっと歩く幽霊の描写がリアルで、実際、霊に演技指導されたのかと思うほどでした。

「増上寺24時間不断念仏会」も思い出深いです。その名の通り、24時間、念仏で地球を救うために「南無阿弥陀仏」と唱え続けるという、体育会系な企画です。「30分参加だってOK」という公式サイトの言葉に勇気を得て、二日間、（夕食のお蕎麦をいただいたりしながら）部分的に参加しました。木魚をポクポクポクと叩きながら「ナムアミダブナムアミダブ」と唱え続け、最初は時間がなかなか進まないように感じられましたが、二日目には軽いトランス状態に。頭の中を念仏がぐるぐる回っていました。そして腕に力を入れず手首のスナップで叩くとあまり負担がからないことに気付きました。

何より印象的だったのは、開催日の夜、都内で震度4の地震があったのですが、その時の中継動画を見ると、揺れている時も全く念仏の声に乱れがなかったことです。本当に念仏は地球を救うのかもしれないと思いました。

他にも、善光寺の御開帳に行き回向柱に触れたり、南相馬の開運がテーマのお寺、円明院でカリスマ住職の法話に感化されたり、挙げたらページが足りないほど、一年を振り返ってみると刺激的な体験は大体お寺がらみでした。

お寺はカルチャースポットでもあり、アミューズメントパークでもあり、異界への入り口でもあります。人は俗世の娯楽を一通り体験したら、お寺の楽しさに開眼するのでしょう。

（『月刊住職』二〇一六年二月号）

Hata Masanori
作家／動物研究家

畑 正憲

1935(昭和10)年、福岡県生まれ。東大理学部生物学科卒、同大学院でアメーバの研究に携わる。その後学習研究社で記録映画製作に従事。68年『われら動物みな兄弟』で日本エッセイスト・クラブ賞。ムツゴロウの愛称で多くの著作を発表。72年北海道浜中町に「ムツゴロウ動物王国」を建国し『ムツゴロウの青春記』『ムツゴロウの動物交際術』など動物との交流記で77年菊池寛賞。78年中標津町にムツ牧場を設立。テレビシリーズ「ムツゴロウとゆかいな仲間たち」や映画『子猫物語』は大ヒット。2011(平成23)年日本動物学会教育賞受賞。著書『ムツゴロウの東京物語』他。

郵便はがき

料金受取人払郵便

芝局承認

1179

差出有効期間
2020年６月
１日まで

切手を貼らず
にお出しくだ
さい

105-8790

147

東京都港区芝大門1-3-6

株式会社 興山舎 行

ご住所 〒　　　ー		
お名前（フリガナ）	電話	
ご職業	年齢　　歳	男・女
※住職・僧侶・寺族等の方はお差し支えなければ下記にご記入を		
※ご宗派	※ご寺院名	

◎お申し込み欄◎ 『月刊住職』のご注文にご利用ください

1974年創刊　寺院住職と仏教界のための本邦唯一の実務報道誌

『月刊住職』新規購読お申し込み欄

年間購読料 15,000円（約210頁／毎号別冊付録／送料税込み）

月号より購読します

このたびは本書をご購入いただき有り難うございます。今後の出版物の参考にさせていただきたく、下記のアンケートにご協力ください。

ご購入の本の書名

●本書へのご感想・ご意見などをお聞かせください。

◎お申し込み欄◎　小社刊行書籍のご注文にご利用ください

最新刊 各界第一人者25人による 今こそお寺に言いたいこと	『月刊住職』編集部 編	価格2,300円＋税	冊
新刊 史実 中世仏教 第3巻 大災害と戦乱の中の僧侶・驚くべき戒律の実相	井原今朝男 著	価格3,500円＋税	冊
好評発売中！ 第1巻 今にいたる寺院と葬送の実像		価格2,800円＋税	冊
好評発売中！ 第2巻 葬送物忌と寺院金融・神仏抗争の実像		価格3,500円＋税	冊
この世でもっとも大切な話 悩める人と共にある和尚の実話30	篠原鋭一 著	価格1,800円＋税	冊
みんなに読んでほしい 本当の話	篠原鋭一 著	第1集～第3集 各1,429円＋税 第4集 2,000円＋税	第1集 冊 第2集 冊 第3集 冊 第4集 冊
あなたの葬送は誰がしてくれるのか	内藤理恵子 著	価格2,900円＋税	冊
本当の仏教 ここにしかない原典最新研究による	鈴木隆泰 著	各2,400円＋税	(第1巻 冊)(第2巻 冊)
葬式仏教正当論 仏典で実証する	鈴木隆泰 著	価格2,400円＋税	冊
すぐに活用できる 全宗派対応 葬儀実践全書	村越英裕 著	価格4,300円＋税	冊
お位牌はどこから来たのか	多田孝正 著	価格2,100円＋税	冊
仏教現世利益事典 第1巻	豊嶋泰國 著	価格3,100円＋税	冊
人間だけでは生きられない	池内了 著	価格2,300円＋税	冊
だれでもできる大往生 落語と説話に学ぶ「さとり」41話	亀井鑛 著	価格1,900円＋税	冊
落語で大往生 お説教のススメ	亀井鑛 著	価格1,700円＋税	冊
親と子の心の解決集	富田富士也 著	価格1,429円＋税	冊
いつでも法話ができる 現代布教キーワード	稲垣真澄 著	価格2,900円＋税	冊
必携 寺院の作庭全書	白井昇 著	価格4,300円＋税	冊
仏陀の足跡を逐って	ルネ・グルッセ 著	価格3,800円＋税	冊

●上記書籍の送料はいずれも１冊300円、２冊以上は無料です〔2018年6月〕
●書籍および月刊誌の代金は送本時に同封する郵便振替用紙にてお願いいたします。

興山舎 KOHZANSHA
〒105-0012 東京都港区芝大門1-3-6
TEL 03-5402-6601 FAX 03-5402-6602
E-mail: jushoku@kohzansha.com http://www.kohzansha.com/

何かに守られている人生

畑 正憲

人生には、忘れられない一日というものがある。嬉しいにつけ、悲しいにつけ、何かがある、何かが起こる、するとそのことが特別なものとして心に残る。

わが家には、かつてたくさん青年が住んでいた。若いので、男と女が恋をする。そして噂になり始めた頃、二人でやってきて、結婚しますと宣言する。

弟の子供、長男が生まれた時、私は無人島に住んでいた。秋のある日、無線がピーと甲高い声でないた。と、弟の声で「無事に生まれたよ。男の子だ」と、報告がとびこんできた。

「よかった。お、め、でとう！」

と叫んだ。嬉しくて、突っかけをはき、外に出た。日は暮れていた。波がうねり、対岸の灯がずらりと平行に並んでいる。両手を腰にあて、うむ、甥っ子か、と表情をひきしめた。

空。金色の星。北斗七星が！　くっきりと。他にも星はあったろうが、北斗七星だけがやけにくっきり見えた。しかも、語りかけるようにまたたいている。

「そうだ。北斗だ、北斗！」

甥の名前は、それで決まった。

音楽好きのF君もわが家で結婚した。生まれるので病院へ行きます、という報告があった日は、大潮だった。ざぶーん、ざざざと、下の浜に打ち寄せる潮の音が響いてきた。

すると、チカというワカサギの仲間が産卵期であった。腹にいっぱい卵を抱えたメスたちが、大挙して砂浜に上がってくる。オスが追いかけ、身をうちふるわせ、精子をかける。と、カモメたちが集まってきて、そのチカたちをつかまえて空高く舞う。そこに電話。

「生まれました。おかげさまで、女の子」

「よかったあ」

「前からの約束で、名前の方を」

「ようし、分かったあ。今日という日を忘れられない名前を考えるよ」

横になる。カモメたちの声。わあ。ウワー。クークー。わお。それに和す潮騒。

「らららら。決まったぞう。潮の音の高い夜。カモメの祝福。潮の音。シオネだあ」

T君は、馬を愛していた。無器用で、むすっとしていた。でも結婚すると子供ができた。

その日、わたしは下の浜に続く原生花園にいた。春には、ワタスゲが並ぶのだが、原生花園はすでに秋色。リンドウの姿もなく、茶色の草が地平線まで続いていた。すると、一騎の馬が。

「ムツさあん。Tさんところ、生まれたよお。女の子、女の子」

Tと馬を世話する青年だった。

「うーん、分かったぁ。さんきゅう」

報せが馬で届くというのが気に入った。――いいね。いいね。うちらしくて。

烈しい風だった。東風。ここらの漁師は、このヤマセが吹くと、

「ヤマセだらよう、船さ出せねえんだよ」

と言う。上から地面に叩きつけて吹き上げる。それが続いていく。はるか向こうまで。

ススキが波打つ。ひゅーん、ひゅーん。数え切れぬ草が一せいに。一糸乱れず。

「おう、風が見えるよ」

姿なき風が、正体を見せている。

「そうだよ。風見子」

それぞれに物語がある。鹿が子を産んだ時、霧が濃く、霧笛が鳴りっぱなしだった。メスだったので笛子。

愛馬がマンデー。私は留守にしていたが、春の嵐が吹き荒れていた月曜日に生まれた。

ストーミー・マンデー。

テレビで特番を持ってからは、出かけることが多かった。世界中、どこかの道をロケカーで走っていた。その際、常に言うのが、「交通事故だけは嫌だよ」ということだった。

運転手の後ろに陣取り、絶えず話しかけ、彼の眠気を吹き飛ばすというのが私の役割だった。

その私が事故にあった。それも、年に七回もだ。それ以外の三十年間、一度もないのだから、あの一年は何だったのだろうかと思う。

まず、正月。元旦。私は、二日の生番組に出演するため、S君の運転で、釧路に向かっていた。弟子屈《てしかが》。長い直線。前に遅い車がいて、その前に、牛乳運搬用のトラックがいた。トラックを追いこすため、前の車が右に出た。S君もそれを追う。すると、前の車がいきなりストップした。

雪道だ。S君はブレーキをかけたが間に合わず、相手の後部にドスーン。

後で分かったのだが、前を行っていたのは獣医さんで、右にある家へ行こうとしていた。ところが、明け方の新雪で、前がふさがっていたのである。私は無傷。

イギリスで、盲導犬の取材をしていた。コーディネーターは車自慢の日本人で、ベンツを仕事に使っていた。取材はスムーズに進行し、素晴しかったねと車に乗りこみ、さあ、次は駅と、車を発進させた。門を抜け、国道を左。そこに右から、赤く塗られたトラックが突っこんできた。避ける間もなく、ガーンとバンパーに激突する。

「何だ、あの野郎！」

と、コーディネーター氏は毒づいたが、トラックは知らぬふり。たちまち視界から消えてしまった。あと何センチか前へ出ていたら。そう思うと、やるせなかった。

ニシザキというディレクターは、スタッフの一人一人に、大丈夫ですか、どこも痛めていませんかと訊いた。私たちは無事。修理を必要としたのは、買ったばかりのベンツだった。

その年の夏、私はインド映画祭に招待されていた。試写に間に合うよう、迎えのタクシーに乗った。

混み合う、ニューデリーの街。広い交差点にさしかかった。信号が青。タクシーは前に出た。

――と。横から、信号無視の車が、すごいスピードで突っこんできた。

ガシャーン。ガラガラ!! タクシーのフロントの部分が、たわいなくどこかへ消え飛んでいた。

「ムツさん、大丈夫？」

「ふえー、変な気分。だけど、お互い無事でよかったね」

主催者は、テロではないかと心配した。招待した有名人を傷つけ、騒ぎになることをもくろんだと考えた。その夜、講演することになっていたが、危ないということで、最もセキュリティーがしっかりしている大使館に変更になった。

スウェーデンで。スイスとフランスの国境で。私は車の事故にあった。

そして最後。暮れの三十一日。私は釧路におりた。顔見知りの運転手が待っていてくれた。私は、新年の生番組に出ることになっていた。

「急ぎませんからね。明日の昼までに家にいればいいんですから」

と、後部座席にゆったり坐った。

阿寒の手前。何が起こったか分からなかった。車がスピンしていた。風景がくるくる回るので、スピンだなと分かりはしたが、スピンした後、おけつの方から崖をすべり落ちた。ドンデーン！

しばらく黙っている。

「センセ、大丈夫か」

「みたいだね。腕もついてるし、いやあ、足も二本あるよ」

ここでも私は無傷だった。これは奇跡としか言いようがない。

私はこれまで、交通事故にあった動物たちを助けてきた。

「これよう、その先の道路で拾ったけんどよう、どかならないか」

村人たちが、犬や猫、タヌキやキツネなどを持ちこんでくる。ある年などは、フクロウが四十羽ほどやってきた。交通事故は、悲惨な傷跡を動物たちに与える。だからだろうか、事故だけは厭だと、私は気を張って車に乗っていた。

しかるに、七回で、かすり傷一つなし。女房は、生かされてるのよ、何かが守ってくれているのでしょう、とのたまう。振り返ってみると、そうかも知れない。動物の誰かが守ってくれているのかも知れない。


（『月刊住職』二〇一七年二月号）

Tahara Soichiro
ジャーナリスト

田原 総一朗

1934(昭和９)年、滋賀県生まれ。早大文学部卒。岩波映画製作所、テレビ東京を経て77年フリージャーナリスト。政治、経済、メディアなど常に時代の最先端の問題をとらえメディアを超えて精力的な評論活動を続けている。98(平成10)年テレビジャーナリズムの新たな地平を拓いたとしてギャラクシー35周年記念賞(城戸賞)を受賞。現在、テレビ朝日「朝まで生テレビ！」やBS朝日「激論！クロスファイア」、文化放送「田原総一朗オフレコ！」などでレギュラーを務める。新聞、雑誌の連載も数多い。早大特命教授。著書『原子力戦争』『日本の官僚』『日本人と天皇』他多数。

今でも現役を続けているわけ

田原 総一朗

二〇一五年は戦後七十年という節目の年であった。安倍晋三首相の〝七十年談話〟など、数多くのイベントが催された。私も、そのいくつかに参加した。そして、あらためて終戦、いや敗戦時のことを思い起こした。

一九四五年八月十五日。

私は滋賀県彦根市の国民学校の五年生であった。私たちが入学した年から、小学校が国民学校となったのである。

八月十五日は、夏休みで、よく晴れた暑い日であった。

朝、市役所から、正午より天皇陛下の玉音放送があるから、みんなで聞くように、といって来た。

そこで、午前《ひる》から家族たちがラジオの前に集まった。

実は、近所にはラジオのない家もあったので、近所の人々、五～六人と一緒に聞くことになった。

玉音放送がはじまった。

ところが、ノイズが多くて、聴き取りにくかった。それに天皇の言葉には難しい表現が多くて、国民学校五年生の私には、理解し難い箇所が少なくなかった。

それでも、〝敵は残虐なる爆弾を使用し〟というのが、広島、長崎の原爆のことをいっているのだとはわかり、〝耐え難きを耐え、忍び難きを忍び〟などの部分は、現在でも鮮明に覚えている。

そして、玉音放送が終わると、近所の人々の意見は二つに割れた。

戦争はこれからも続くのだという意見と、いや戦争は終わったのだという意見に、である。

田原 総一朗

実は、軍の幹部たちは〝本土決戦〟を唱えて、徹底的に戦う、としていたのだった。

午後、市役所の職員がメガホンで〝戦争は終わりました〟といって来た。

戦争が終わったと知って、私は前途が真っ暗になった。

私たちの将来は陸軍に進むか、海軍に進むか、という二つの進路しかなく、私は海軍兵学校に入ろうと思っていたのである。

戦争が終われば、それは不可能になる。私は絶望的になって二階へ上がって泣いた。そして寝てしまった。

目がさめたら夜になっていた。そして、二階から町を見ると明るかった。空襲に備えて、それまで灯火管制で町は真っ暗だったのが、戦争が終わったので灯火管制をやめたからだった。


問題は、二学期の学校がはじまってからであった。

五年生の一学期までは、学校の教師も校長も、日本の戦争は〝聖戦〟だと強調していた。

侵略国であるアメリカ、イギリス、オランダなどを打ち破って、植民地にされているアジアの国々を独立させるための戦争であり、君たちも早く大きくなって戦争に参加して、天皇陛下のために名誉の戦死をせよ、とことあるごとにいっていた。

それが、二学期がはじまると、〝実は、日本の戦争は間違った戦争だった。侵略戦争だった〟と変わった。そして一学期までは〝英雄〟だった東條英機元首相などが、戦争犯罪人として占領軍に逮捕され、新聞もラジオも報道の内容が百八十度変わった。価値観が一学期までとは正反対になったのである。

しかし、価値観が大きく変わったのは一度だけではなかった。

一九五〇年、私が高校に入った年に朝鮮戦争がはじまった。北朝鮮が韓国に侵攻して来たのである。米軍は韓国を助けるために朝鮮半島に出兵し、中国軍は北朝鮮を助けるために、やはり朝鮮半島に出兵した。

中学生の時代に、教師たちは、私たちに〝もし戦争が起きそうになったら、君らは身体を張ってでも反対せよ〟といっていた。

そこで、朝鮮戦争に対して、私たちが〝反対〟というと、〝君らは共産党か〟と呆れたような口調で批判した。

実は、戦後は占領軍と共産党の関係は悪くなく、共産党は占領軍を〝解放軍〟と呼んでいた。現に、共産党は占領軍によって〝解放〟され、国会議員にもなっていたのである。

ところが、朝鮮戦争がはじまると、共産党およびそのシンパは追放された。またもや価値観が大きく変わったのである。新聞やラジオも、レッド・パージを当然のように報じた。

そして、こうした二度にわたる価値観の大転換、つまり教師などの大人たち、さらに新聞やラジオのいうことが大きく変わることを体験した。

私は、大人たちがもっともらしい口調でいうことは、どうも信用できない。新聞やラジオが報じることも信用できない、という疑念を持たざるを得なくなった。

敗戦を国民学校五年生のときに体験し、高校一年で、いってみれば世の中が右傾化するのを体験した。

あらためて考えれば、戦前、戦中に教師など大人たちが、もっともらしい口調で強調していたことも、本当は、そのようにいわざるを得なかったのであって、ホンネではなかったのであろう。

同じように、敗戦後、そして朝鮮戦争のときに、教師など大人たちが、正反対のことを、いずれももっともらしい口調でいったのも、もちろんホンネではなく、そのようにいわざるを得なかったのであろう。

このように、価値観が百八十度変わるようなことは、その後は起きていない。

その意味では、大人たちのいうこと、そして新聞やラジオ、つまりマスメディアの報じることに疑ぐり深いのは、私たちの世代の弱点ではないかとも思う。

だが、弱点とは思っても、二度にわたる強烈な体験でつくられてしまった体質は変えようがない。

疑ぐり深いのをやめようと思っても、結局、地《じ》が出てしまう。

そのために、現在のような仕事、つまりジャーナリストという選択肢しかなかったのだな、と、あらためて感じている。

そして、やはり疑り深いだけに、宗教には学生時代からとても関心があり、禅寺から天理教までを泊まり歩き、人間が生きるとはどういうことなのかについて、とことん質問をし、話し合いもしたものである。

ただ、質問をすればするほど疑問が生じ、話し合いは夜を徹することになった。

現在でも、生きるとはどういうことなのかと、機会があれば話し合っていて、それが八十一歳の今でも現役でいられる原因なのかもしれない。


（『月刊住職』二〇一六年正月号）

Ochiai Keiko

作家／クレヨンハウス代表

落合 恵子

1945(昭和20)年、栃木県生まれ。明大文学部卒。文化放送アナウンサーおよびパーソナリティとして人気を博す一方、著作も脚光を浴びる。76年子どもの本の専門店「クレヨンハウス」と女性の本の専門店「ミズ・クレヨンハウス」を主宰。育児と育自を考える『月刊クーヨン』と、オーガニックマガジン『いいね』の発行人。一方、有機栽培無添加食品の店「野菜市場」や自然食レストラン「広場」を経営するなど、その旺盛な活動は常に注目されている。最近の主な著書に『泣きかたをわすれていた』(河出書房新社)『おとなの始末』(集英社新書) 他がある。

たくさんの、のんのさん

落合 恵子

なぜなのだろう。最近とみに子どもの頃が思い出されてならない。つい今しがた使った花鋏やらキッチン用の布巾や鍋つかみをどこかに置き忘れて探し回っているにもかかわらず、子ども時代のあれこれは、実にありありと具体的に甦る。

驚くほど鮮明に、ある日、ある時、ある瞬間の光景が、葉ずれの音や柿若葉の眩しさ、海苔巻きや稲荷寿司をつくる台所からの酢飯の香りや、昨夜の雨で散り落ちた桐の葉や、宵祭りの遠い太鼓の音などと共に還ってくる。

記憶の中のわたしは五歳だったり、九歳だったり十二歳だったり、十六歳だったりする。

もしそう呼んでよければ、これらの「甦り」もまた、加齢からの贈りものであるのだろうか。

あの日の五歳やあの時の九歳が、間もなく七十二歳になろうとしている。

祖母は、のぼる朝陽に手を合わせていた。見慣れた割烹着をすでに着け、髪を整え終えた祖母は、淡い橙色と金色が溶け合ったような空を見上げて手を合わせていた。垣根の近くに祖母が大事に育てていたホトトギスの花が咲いていたから、季節は秋だったろう。

周囲から「働きもんの手だねえ」と言われていた、大きなごつい両の手を合わせて、祖母は何を祈っていたのだろう。

四人の娘と妻である自分を遺して三十代で逝ってしまった夫（わたしからするなら祖父）を見送ったことにも関係があるかもしれない。祖母の日常の中にはいつも祈りがあった。

気丈で厳しくて、子どものわたしにとっては少し気づまりなところもある祖母であったが「のんのさん」に手を合わせることは、彼女の暮らしの中で、「そこから飛び立ち、そこに戻る」ベースのようなもの、あるいは駆け込み寺のようなもの、シェルターでもあったのかもしれない。

今になってそう思う。

彼女がお陽さまに向かって手を合わせているのに気づくのは、わたしが早起きした朝に限るのだが、一心に何か祈っていた。

祈る祖母は、周りに透明な垣根があるようで、そばに行って声をかけてはいけないような気がした。不思議な距離がそこにはあった。だから毎年、年の暮れに張り替える障子のこちら側や、足踏みミシンがある縁側の隅で、わたしは祖母の祈りが終わるのを待っているしかなかった。

祈りの時が終わると、いつもの働きもんの表情と仕草に彼女は戻り、わたしにザルを持たせて、小さな畑から季節の野菜をとってくるよう言いつけるのだ。その朝の味噌汁の具にするために。

こうしてわが家の朝は静から動へと動きはじめるのだ。

祖母のつれあい、祖父をわたしは紅茶の色を薄めたようなモノクロームの写真の中でしか知らなかった。ビロードの表紙がついた分厚い古いアルバムの中の祖父。開襟シャツの袖をたくしあげて、日に焼けた顔で白い歯をみせて笑うひと。白い長ズボンをはいて、テニスコートでボールを追いかけているひと。鼻の下に八の字の髭をはやし、盛装した祖父。その横には髪を結いあげ、留めそで姿の祖母が寄り添っていたりする。親類の結婚式に新婚間もないふたりが出席した時の、記念の写真だと聞いた。

茨城県の大洗海岸で出会い、長い文通の時を経て結婚したふたりであり、

「れんあい結婚だったんだよ」

たまに祖母は、大事な秘密を打ち明けるように教えてくれた。祖母がいうと、恋愛がなぜか「れんあい」と平仮名に聞こえた。

およそ十年の結婚生活を経て、川釣りをしているときに負った小さな怪我がもとで、祖父は「のんのさん」になってしまったのだ。お仏壇の中にいるそのひとを、祖母はそう呼んでいた。お菓子をいただけば、「まずは、のんのさんにおそなえしてから」。餅つきをしても、「のんのさんから」。その年はじめての筍を裏庭から掘り返し、筍ご飯を炊けば「のんのさんに、どうぞをしてから」。そうそう、その前に草団子の季節があった。土手で摘んだ蓬でお団子を作る。最初のひとつをついつまみそうになると、「だめだめ。のんのさんから」

祖母にとってすべては、「のんのさんファースト」であったようだ。

祖母が毎朝、のんのさんがいるお仏壇の前にきっちりと正座して、手を合わせて何か小声でつぶやく姿もまた、朝の見慣れた儀式だった。金色の蓮の花模様がついた、ままごとに欲しい小さな湯飲みの水を入れ替え、朝一番の日本茶をそなえ、花立ての水を替え、裏庭から手折ってきたそれぞれの季節の花を飾る。なぜか「のんのさん」のための専用の古い花鋏がわが家にはあった。祖母が娘時代から使っていた花鋏だと言っていた。

炊き立ての湯気がたつご飯も、一番に「のんのさん」へ。香炉や仏具一式を柔らかな布で拭くことも、最後に線香に火をつけ、おりんを二回ほどリン、リンと鳴らす……。そして、手を合わせて祈ること……。それらが祖母の一連の朝の儀式であり、一家でたったひとりの子どもだったわたしもそれにつき合わされた。

外で遊び友だちの呼ぶ声を聞くと、飛び出したくて仕方がなかったが、「のんのさんへのご挨拶がすんでからですよ」

のんのさんはだから、お仏壇の中にいる祖父だと思っていた。いつだって祖母が手を合わせていたのだから。けれど、お陽さまも「別の、のんのさん」だったのか。

春と秋、その間にもたびたびのお墓詣りがあった。祖母にとっては大事なイベントだったのだろう。その季節の最も気に入っている和服をまとって薄く紅をはいた祖母は、わたしにもよそゆきに着替えさせて、菩提寺に向かうのだった。日差しの強い夏の日には、決まって淡い藤色の日傘をさしていた。その日は、わが家の庭からではなく、お寺の近くの懇意の花屋さんに頼んでいた花をわたしに持たせた。祖父の好物だったという日本酒も竹筒に入れ、季節の果物も持っていった。

「さあ、のんのさんに大事なことをお願いするのだよ」

線香に火をつけながら、祖母は言う。子どものわたしが混乱するのは、こんなときだった。

「のんのさんは、うちのお仏壇にいるのに、お墓の中にも、のんのさんがいるの？」

孫娘の問いに、祖母がどう答えたのかは覚えていない。

その祖母も亡くなり、祖母を在宅で看取った母もまた、およそ七年の在宅での介護の日々を経て逝ってしまった。

詩人の長田弘さんの詩集『詩ふたつ』。後書きにある、あの言葉を時折り心の中で繰り返すわたしがいる。

《……一人のわたしの一日の時間は、いまここに在るわたし一人の時間であると同時に、この世を去った人が、いまここに遺していった時間でもあるのだ……。

……亡くなった人が後に遺してゆくのは、その人の生きられなかった時間であり、その死者の生きられなかった時間を、ここに在るじぶんがこうしていま生きているのだ……》

（クレヨンハウス刊）

最愛の妻を見送った時、長田さんがグスタフ・クリムトの樹木と花の絵と共に出したいとおっしゃったこの詩画集の編集を、わたしもお手伝いした。母を見送ったあとのことだった。

長田さんご自身も、二〇一五年の初夏に逝かれた。わたしにとっての「のんのさん」が毎年増えていく。二〇一六年もかけがえのない人生の先達を見送った。

それは悲しみであり、喪失であり、痛みでありながら、同時にそれは「のんのさん」から託された時間の「再生」でもあると最近は考えている。

平和や反戦の集会やデモの中でも、たくさんの、のんのさんに会える。


（『月刊住職』二〇一七年正月号）

落合 恵子

Lasalle Ishii
タレント／脚本家

ラサール石井

1955(昭和30)年、大阪府生まれ。早大在学中に劇団テアトル・エコー養成所に入り渡辺正行、小宮孝泰とコント赤信号を結成し80年花王名人劇場でテレビデビュー。その後数々のバラエティ番組に出演し人気を博す。知性派お笑いタレントとしてだけでなく、俳優としても多くの作品に出演し才能を発揮。また脚本・演出家としても小劇場から商業劇場まで幅広く作品を手掛け、さらに著作活動にも携わる。2015(平成27)年自ら原案・作詞・演出を担ったミュージカル「HEADS UP!」で読売演劇大賞優秀演出家賞を受賞。著書『笑いの現場〜ひょうきん族前夜からM-1まで』他。

大好きな神仏習合

ラサール石井

『月刊住職』への原稿依頼を受けて、自分は仏教的なものへの関心や興味は人一倍あるほうではないかなあと思った。子供の頃からお化けや心霊現象などの神秘的なものにとても興味のある少年だったからだ。

まあ、ある時期からあることでパッタリとそういったものは信じなくなり、占いや超能力などの類いのものとは距離を置くようになったのだが、それでもパワースポットを巡ったり、神社仏閣をお参りしたりすることは今でも大好きでよくやっている。でもまあ神秘的なものが好きだから仏教を語れると思うのが、もう完全に仏教に関して初心者であることを物語っていてお恥ずかしい限りではあるのだが。

考えてみれば、そもそも私が仏教を語るにふさわしいかどうかということも甚だ自信が無い。というのも、私の家は昔から神道であったからである。実家には神棚があり、お葬式にも神主さんが来た。先祖には富岡八幡宮の宮司さんもいたらしい。なので仏教との関わりがほとんどないのだ。数珠も持っていないし、普通のお葬式に行っても正しい焼香の仕方がいまいちわからない。

ちなみに、けっこう知られていない神道の葬式について語れば、神道では焼香のかわりに玉串を捧上する。二礼二拍一礼もする。ただ葬式のとき（正確にはお骨になって帰ってくるまでの間）だけは二拍の柏手の音を鳴らさないのがルールだ。もちろんお経を読むこともない。当たり前だ。神主さんなのだから当然祝詞を読む。祝詞というのはめでたいイメージがあるかもしれないが、神道の葬式の場合はそのなかで個人の生きてきた歴史が語られるのだ。これにはなかなか感慨深いものがある。どこに生まれ、誰と結婚し何人の子供をもうけ、どのように働いたか。これまでの故人の人生が祝詞の中で振り返られるのである。親の葬式で自分の名前が子供として出てくると、思わずグッとこみあげるものがあったりしたものだ。

閑話休題。そういうわけだから、訪れるのも自然と寺よりは神社が多くなる。日本全国かなりの数の神社に行った。しかし全く寺に行かなかったというわけでもない。日本では神社の中に寺があったりするからである。実はここが日本の仏教において、私のいちばん好きなところなのだ。日本人の外部から入ってきた物事を受け入れるときの柔軟さというものはなかなかにたいしたものだ。

飛鳥時代、中国から仏教が入ってきたときには既に日本には神々がいた。しかし日本人はそれらを対立させることなく、神仏習合という考え方ですべてをひっくるめて一つの世界観を作り上げてしまったのである。

私は毎年、和歌山県の熊野三山をお参りするのだが、那智の滝で有名な熊野那智大社の大鳥居をくぐった境内の中にも、青岸渡寺という西国三十三所第一番札所である寺院が厳かに存在している。このなんともおおらかな風景が私は大好きなのだ。明治時代の廃仏毀釈などという無粋な運動によって、多くの寺院が取り壊されたが、まことにもったいない話だ。

そもそも日本は多神教である。あらゆる場所に神が宿ると考えられている。これがいい。仏教でもお釈迦様の周りに沢山の菩薩や観音様がいて、山の木々や岩にも仏様がいるという考え方があるようだ。どちらも庶民的だ。かまどにも便所にも神仏がいるのだから。

そしてそのうちこういったものが融合して、神様は仏様の仮の姿だという考えが起こった。本地垂迹説だ。天照大神は大日如来、熊野権現は阿弥陀如来といった具合に神々と仏様とが見事な組み合わせで一致した。これなど現在のアニメ的発想とすごく似ているではないか。本来、日本人にはこのように見事な発想が備わっていたのだ。この発想が今や全世界に認められ、クールジャパンともてはやされることになったといえば言い過ぎだろうか。もっといえば、本地垂迹説もクールジャパンとしてもう一度世界に認められるかもしれないというのは、まあ私の勝手な妄想だが、それぐらい素晴らしい発想だと思うのだ。

さてここで話は変わるが、今年の春に、私が脚本を書き演出したミュージカル、『ゲゲゲの鬼太郎〜十万億土の祈り歌』が上演された。二〇一四年に初演した芝居の再演で、今年は水木しげる先生の一周忌を追悼し再演したものだ。

最初、劇団からのオファーはファミリーミュージカルだったが、私は子供も見るから子供向けにと考えてものを作るのは子供に失礼だという考えなので、むしろ大人が見ても楽しめるものをと考えた。単に鬼太郎たちが妖怪たちをやっつけるだけのストーリーでは物足りないと考えたのだ。その結果、一幕最後まで鬼太郎が出てこないという変な話になった。

何故そうなったかというと、参考に読んだ水木作品の中で『のんのんばあ』という作品があった。水木先生の自伝的作品で、鳥取県境港に住む少年と、その少年に妖怪の話をしてやった「のんのんばあ」というお婆さんの話だ。もちろん鬼太郎は出てこない。これを原作にした。田舎町でおばばに妖怪の話をしてもらって想像を膨らませていた少年を主人公にし、鬼太郎が外国の妖怪と戦って敗れ、肉体を滅ぼされたという設定にして、主人公の少年の前に現れた妖怪たちが「君の肉体を鬼太郎に貸して、君が鬼太郎になってくれ」と頼むというストーリーにしたのだ。そうすれば、見ている子供たちが「自分も鬼太郎になれるかもしれない」と感じると思ったからだ。

少年は東京から結核の療養に来た少女と出会い、その娘に「十万億土の絵を描いてくれ」と頼まれるが、絵の完成を待たずに少女は亡くなってしまう。しかも成仏する一歩手前で悪い妖怪に捕まり、地獄につれていかれそうになる。少年は鬼太郎となり、砂かけ婆や子泣き爺と共に少女を助けるために十万億土を目指すというのが大きな骨組みだ。

ご存じの通り「十万億土」は仏教用語だ。簡単にいえば「極楽浄土」のことである。そこを目指す鬼太郎の一行は、天竺を目指す西遊記の孫悟空の一行にも見える。この十万億土という言葉は水木先生の『のんのんばあ』にも描かれている。こういった極楽＝ユートピアという仏教的想像は、しばしば水木作品にも現れるし、仏教的哲学もまたセリフなどに散見する。そもそも水木先生がお描きになる色紙によく出てくる「なまけ者になりなさい」という言葉は、南方の戦地で死と隣り合わせの体験をして命からがら生還した先生の、悟りの境地ともいえる達観の哲学であろうと思われる。このようにその作品の底辺には仏教的死生観が流れている。それと同時におばばが日々拝むのは氏神様だ。妖怪たちも八百万の神々たちと同じように、人間の身の回りの天井裏やへっついの中に住んでいる。すべての見えないものがあらゆる所に潜んでいる。そしてバランスを保ちながら人間と共存している。これはまさに日本の宗教観である。ここでも仏教と日本の神々が融合している。まさに神仏習合だ。私は水木作品の中にそれを感じ、それを表現したかった。

そして最後のシーンで、一行は十万億土にたどり着く。そこで観音様と出会うのである。ここは予算をかけて素晴らしい観音様をセットで作って貰った。本当は不空羂索観音にしたかったのだが、ビジュアルの格好良さを取って千手観音にした。大道具さんが頑張って作ってくれて、それは立派な金色の千手観音が空中に現れた。そのシーンでは死んでしまった少女が天女のような格好で再び現れて別れを告げる。少年が「お前も観音様になるんじゃな」と言って手を合わせる。我ながらなんと仏教的なエンディングであろうか。お気に入りのシーンである。

そしてこの芝居の初演の時に、面白い出来事があった。

私は自分が神道ということもあり、怪我やトラブルを避けるために必ず初日の前に舞台でお祓いをして貰うことにしている。劇場の近くの神社の宮司さんに来て貰い、成功祈願の祝詞を読んで貰って、皆で拝むのである。

その当日、舞台セットが飾られた前に祭壇が設けられ、お祓いが始まった。もちろん舞台後方には千手観音が浮かんでいる。その前で神主が神様を降臨させている。なんともシュールな光景だ。そのうえ客席では、神様や仏様には弱いはずの妖怪であるねずみ男や砂かけ婆や猫娘が神妙な面持ちで手を合わせている。これだ。これこそが神仏習合だ。宗教上の嫌な争いなどない、絶妙のバランスを持ってすべてが混沌と存在する世界。これこそが水木作品を支えるものであり、私が大好きな世界なのだ。そのとき私はなんだか一人で感動していた。

どうだろう。誰かもう一度、本地垂迹説を唱えて、この世を神仏習合の時代に戻してくれはしないだろうか。


（『月刊住職』二〇一七年五月号）

Uchidate Makiko
脚本家

内館 牧子

1948(昭和23)年、秋田県生まれ。武蔵野美大卒。会社勤務を経て87年に脚本家となり、おもな作品にＮＨＫ連続テレビ小説『ひらり』『私の青空』、大河ドラマ『毛利元就』などがある。93(平成５)年橋田賞、95年『てやんでえッ!!』で文化庁芸術作品賞、2010年『塀の中の中学校』でモンテカルロ国際テレビ祭最優秀作品賞などを受賞。著作の一方、女性唯一の横綱審議委員会委員(2000〜2010)となり脚光浴びる。また東日本大震災復興構想会議委員としても活躍。現在、武蔵野美大客員教授。著書『女はなぜ土俵にあがれないのか』『週末婚』『終わった人』他多数。

人生、出たとこ勝負

内館牧子

二〇一七年一月二十五日、稀勢の里が第七十二代横綱になった。

古き良き日本の少年のような、五月人形のような、昭和のメンコ絵のような、稀勢の里の佇いに、そして、他に追い抜かれてもくさらず、めげず、ひたすら精進してきた姿に、多くの日本人が胸をキュンとさせている。

私は二〇〇三年に、東北大学大学院の宗教学の入学試験を受け、合格した。

友人知人は口をそろえて、「裏から入ったんだろ」と言ったが、とんでもないことだ。かつての帝国大学、かつての国立一期校は裏口入学などさせてはくれない。

すでに五十四歳だった私は、もの覚えの悪くなった頭で受験勉強を続け、英語と宗教学と口頭試問を受け、表口から入ったのだ!!

東北大学は仙台市にあるが、私は生活も仕事も拠点は東京である。まさか受かるとは思っていなかったが、万が一受かっても、東京から通い、仕事と両立させる自信があった。

というのは、著名女性で大学や大学院に在学中の人たちが、女性誌などで語っていたからだ。たとえばである。

「まわりの協力を得て、仕事と家庭と学業を何とか並立させています」

「子供のお弁当を毎朝作ってますし、夫にも何かと不自由させていますから、休日はできるだけ夫婦で過ごしています」

これらは私が作ったコメントであるが、こういう類だ。これらを聞けば、私のように夫も子供もいない人間は、お弁当を作る必要もないし、夫に気兼ねして一緒の時間を取る必要もない。妻であり母であり職業人である女性たちでさえ、並立させているのだ。私なんて楽勝よ! と思うのが普通だろう。

そんな中で、「万が一」の合格通知が届いた。もちろん、すぐに入学手続きを取った。

もっとも、友人知人の少なからずが、

「何で五十代から大学院に行くのよ。そんなお金は老後資金に回すべきよ」

「若くていい脚本家が次々に出てくるんだよ。大学院を終えた時、もう仕事の世界にあなたの戻る場所はないよ」

などと言って止めた。当然の忠告だが、私の座右の銘は、

「人生、出たとこ勝負！」

である。合格の目が出た今、これに乗る。さらに何よりも、私には大学院で学んで守らなければならないものがあった。

土俵である。何としても、大相撲の土俵を守らなければならない。

私は当時、女性初の横綱審議委員であったが、社会は「土俵の女人禁制は男女差別だ」という風潮の中にあり、「男女平等」「男女共同参画」の理念に反すると憤る人々が少なくなかった。中には、「男女平等、男女共同参画が世界のグローバルスタンダードです」と言う政治家もおり、土俵の女人解放の声が年々大きくなっていた。

私は社会における男女平等、男女共同参画は当然のことだと思っている。だが、それを何にでも当てはめようとすることは間違っている。

過去から連綿と伝わってきた祭祀、芸能、伝統、民俗行事、風習等には、「男だけ」「女だけ」のものがあっていい。それさえ二十一世紀の理念に当てはめようとする考えは、あまりにも貧しく、乱暴だ。

もとより、そういったものを「グローバルスタンダード」つまり「世界標準」に合わせようと考えることがおかしい。欧米諸国でもアジア、アフリカの国々でも、自国が培い、歴史を超えて伝えて来た祭祀や民俗芸能などを、世界標準に合わせて直す国がどこにある。そんなことを言う政治家がどこにいる。が、日本にはいるのである。つくづく日本は悲しい国だ。

私は日本相撲協会が世の風潮に耐えきれず、土俵の女人禁制を解くことを恐れていた。当時の理事長は北の湖さんであり、相撲に対して確固たる方向性と矜持をお持ちだったので、不安はなかった。だが、後々、もしも半端なリベラリストが協会の頂点に立ったりしたなら、どうなるかわからない。

土俵の女人解放を叫ぶ人たちの中には、「私は相撲史には無知だが、内館さんの主張は間違っている」と書く女性学者さえいた。無知を自覚しながら伝統の核に言及する無恥に、私は恐ろしいまでの低レベルを知った。

ただ、世の風がこういう彼女たちに吹いている以上、このレベルの人たちによって伝統は断たれるかもしれない。

相撲は元々は神事である。興行大相撲となってからも、仏教や陰陽道や山岳宗教などの影響がそこかしこに残っている。

私は宗教学的な観点から、相撲史を学ぼうと考えたのである。私如きがそれを学んだからとて、男女平等、男女共同参画の嵐から土俵を守れるものではあるまいが、理論武装しておけば、いざという時に矢面に立てる気がした。

私は北の湖理事長に、「最強の横綱審議委員になります！」と大見得を切り、資料や古い文献などを見せて頂く約束を取りつけ、東北大学に乗り込んだのである。

甘かった。著名女性たちのコメントは、よほど大学が特別扱いしてくれるか、しょっちゅう欠席しているかでないとありえない。

入学してわかったが、朝八時三十分から夕方五時五十分まで授業がある。ゼミは五時五十分では終わらず、九時、十時になることさえある。院生は寝袋で研究室に泊まったりしている。

特に私の場合、過去に出た大学が美大であるため、宗教学の基礎を知らない。そこで教授から

「学部の一年生が受ける授業にも出るように」と命ぜられた。これも当然のことだ。

その上、フィールドワークとして、たとえば東北地方のお寺を訪ね、地域の人々との向き合い方を調べたりもする。東北地方はイタコやオシラサマ、冥界婚のムカサリ絵馬など古い民間信仰が生きている。そんな地域や信心している人たちを訪ね、聞き取り調査もする。また、古くからの民間信仰を、各宗派の住職や神社の神官はどう見ているのか。どんな歴史があったのかも聞き取る。フィールドワークは合宿もある。子供のお弁当を作ったり、夫に気兼ねして会話の時間をふやしたりしながら、このカリキュラムを乗り越えられるわけがない。

彼女たちの言葉は、リップサービスだったのだと、初めて気づき、私は仕事を休むことを即断した。生活の拠点を仙台に移すこともすぐに決めた。そこまですることがいいのかどうか、後々にどんな影響が出るのかわからなかったが、「人生、出たとこ勝負！」である。

こうして、仙台での学生生活を三年間続け、

「大相撲の宗教学的考察　――土俵という聖域――」

とする修士論文を東北大学に出した。

論文では「土俵は二十俵の俵で結界された聖域である」という仮説を立て、それを論証したい

と考えた。それが証明できたなら、「結界内の聖域に、結界外の俗域の規範や考え方を持ち込んでも通用しない」ということにならないか。

本誌をお読みになっている住職の皆々様には釈迦に説法だが、結界とは「一定の区域を囲って、その内側を浄（聖）域とする。外側を不浄（俗）域とする」ものだ。一定の区域を囲うことで、俗界の障害物が中に入れないようにする。「もともと教団に所属する僧侶の秩序を保つために止住の場所を限ったもの」（『世界宗教大事典』）である。これが土俵と女性に重なった。

だが、取材をしていると、どうしても短絡的に「女性は不浄なのかッ」と叫ぶ人たちも多く、中には「同じ地面なのに聖俗で分けることは許せない」と、地面への差別を怒る人さえいた。

なんとか論文が通って東京に戻り、しばらくした頃のことだ。土俵の男女差別を訴えていた女性政治家が、「この問題はよくわかりました。内館さんはブレない人ですね」と週刊誌で語っているのを読んだ。

こう言ってもらえただけでも、私は仕事を休んで「学究生活」（！）をした甲斐があったというものである。

（『月刊住職』二〇一七年三月号）

Inagawa Junji
タレント／怪談家／工業デザイナー

稲川 淳二

1947(昭和22)年、東京都生まれ。桑沢デザイン研究所卒。工業デザイナーとして出発したが、76年深夜ラジオ番組「オールナイトニッポン」パーソナリティーとなり人気を博し芸能界入り。舞台からテレビのバラエティ番組、さらにＮＨＫ大河ドラマ『信長』はじめドラマにも数多く出演中。とくに独特の怪談話は〝芸術的〟とさえいわれ、93(平成５)年頃から「ミステリーナイトツアー」としてライブ活動を続けて大盛況。工業デザイナーとしても96年通商産業省選定グッドデザイン賞（公共空間用設備機器部門）を受賞。著書『真説 稲川淳二のすご～く恐い話』シリーズ他多数。

なぜ怪談なのか？

稲川 淳二

私は子供の頃、「お参り小僧」といわれていたのです。三人兄弟で唯一、お参りするのが私だけだったからです。渋谷区恵比寿にあった実家は、小さな家だったけれど、大きくて立派な仏壇がありました。黒塗りの細工のいいもので、中が金色、大きな扉がついていました。毎朝、お線香をあげて、チーンとお参りしてから学校に行くんです。

近所には、お地蔵さんやお社がありまして、うちのおばあちゃんは信仰心の強い人で、あちこち掃除をして歩くのです。私はそのあとをついていく。

巣鴨のとげぬき地蔵にも、よく連れられて行きました。お線香を売るおばあちゃんたちが、白い割烹着を着て、テーブルを出して、日傘をパラソル代わりにして売っていた。赤ん坊の時から行っているものだから、みんな可愛がってくれました。とげぬき地蔵では「お姿」を買うんです。幅一センチ、長さ二センチほどのお札なんですが、薬代わりに白湯で飲む。朝、熱があって具合の悪い時には米粒で、お姿をおでこに貼って学校に行きました。当時の私の髪型は、ぼっちゃん刈り。前髪でお姿は隠れていましたから。それが体育の時間なんかに走ると、おでこが全開になる。先生たちがびっくりしていました。家に年寄りがいるから、おばあちゃんが貼ったんだなとみんな思う。違うんです。自分で貼っていたのです。でも、不思議と治ったものでした。

生活の中に、自然にお参りが入っていた。お参りすることが、子供なりに意味を持っていたんでしょう。

これまで私、三回は死にそうになっているのです。

一回目は三歳の時。とげぬき地蔵へお参りに行く途中、恵比寿駅で渋谷側のホームからドーンと線路に落っこちたんです。そこへ目黒方面から電車が来た。パーッと警笛が鳴り、ライトがついたのは今でも覚えています。アッと思った。その時、どこかの知らないおじさんがぽーんと飛び降りて、私をホームにあげてくれた。すんでのところで助かりました。

ところが、母親やおばあちゃんは「これは巣鴨のとげぬき地蔵さんのおかげだ。お地蔵さんのおかげで助かった」と大喜びしている。いつの間にかおじさんはいなくなっていました。芸能界に入ってからも命の恩人といって探してもらったけれど、見つからなかった。ある時、ハッと思ったわけです。助けてくれた人は私が生まれる前に戦死したおじさんなんじゃないのかと。親父は四人兄弟だったですが、三男のそのおじさんはエリートで、背が高くて男前。海軍の特殊任務についていました。最期の戦地はインド洋の、どこまでも青い、海と空の境が見えない海原。アメリカの船と撃ち合いになった。おじさんは真っ白な海軍の服を血だらけにしながら、味方に無線を送り続けていたそうです。味方の船が助けにきて皆がボートで逃げるまで一人、船に残っていた。そのまま逃げなかった。海に船がゆっくりと沈む直後、銃声のダーンという音を戦友は聞いたそうです。そのおじさんが、助けてくれたのかもしれないと思うようになりました。

二回目は、あの御巣鷹山の日航機墜落事故です。当時、私は関西でレギュラー番組を持っていて三年間毎週、日航の１２３便で羽田から大阪まで行っていました。前日に入って、翌日の朝十時の番組に出演する。ところが、あの日はひどく具合が悪くなってしまい、マネージャーに「俺、明日の朝一番の新幹線で行くよ」といって引き上げたのです。私の親しかった知人はたまたま仕事の都合で、いつもは乗らない便に乗った。それが１２３便でした。

三回目は、式根島のロケの帰りでした。天気が悪くて、空が真っ暗だったけれど、なんとか漁船をチャーターして東京に向かった。でも下田の港に入るはずが、闇が深く、高波と風で船が流された。突然、船が急カーブを切って、横転しかけ、必死に船にしがみつきながら顔をあげると、目の前を闇が動いていた。貨物船の横っ腹だった。もう少しで、木っ端微塵になるところだったのです。

どれも、本当なら死んでいました。ところが、たまたま助けてもらった。たまたま、いつも乗っていた飛行機に乗らなかった。幸い、貨物船にぶつからずに済んだ。どうしてなんだろう。なんで助かったんだろう。そう思うと、自然と手が合わせられる。だんだんと信仰心のようなものが出てくる。去年は前立腺がんの手術をやりましたが、六十歳を過ぎると死はちっとも怖くない。感謝の心が強くなる。自分の人生に関わる人への祈りの心が生まれるのです。

実は、この信仰心のようなものが、私が「怪談」をこんなにも長く続けられる理由なのかもしれません。毎夏、ミステリーナイトツアーをやっています。怪談の全国行脚で、二〇一三年でもう二十一周年になります。

鈴鹿の山奥の病院から「稲川さんの怪談を一度、生で聞きたい」と手紙をもらって、仲間と行ったこともあります。筋ジストロフィーの患者さんの病院で、そこに私のファンがいたのです。皆、すごく喜んで、不自由な体で会場に色紙で飾り付けをしてくれて待っていた。でも、怪談をやりながら私は内心、ドキドキしていたのです。最後に一番怖いネタを用意していたから。「奥さん、あなたのところにかかってくるその電話は、あなたの家の二階から、かかってくるんですよ」といった瞬間に「リーン！」と鳴る。

ここで飛び上がる人もいます。だけどここは病院でしょう。飛び上がった拍子に、体に入れている機械なんかが止まったらどうしようと。でも、やりました。「わあっ」と悲鳴が上がりました。ところが終わったら、真っ暗な会場からすすり泣きの声が聞こえる。患者さんたちは大喜びでしたが、付き添いのお母さんが泣いていた。「息子がこんなに笑ったのを今まで見たことがなかった。嬉しくて涙が出た」とお母さんにいわれました。

大震災の後、岩手県に行ったときもそうでした。「災害地に怪談か」という人もいるかもしれませんが、違うのです。希望者が多くて、会場に入りきらないくらいでした。手紙がたくさん来ました。

「稲川さんの怪談は、故郷みたいなんです。怖いだけじゃないんです」と。

怪談とは、日本人の心だと私は思う。怪談には教えや、思いやりがたくさん込められている。たとえば河童の話がそうです。夕暮れどき、「カラスが鳴くからかーえろう」と子供たちは帰って行く。カラスが鳴いても外で遊んでいたら、河童に水の中に引っ張り込まれるぞと親に叱られるからです。しかし昔の絵を見ると、人間の子供たちが遊んでいるのを河童の子が草むらからじっと見ている。カラスが鳴いて人間の子供が帰ったら、河童の子が出てきて遊ぶのです。だけど、カラスが鳴く時分って、薄暗がりだけれどもまだ日は沈んでいないのです。その河童とは誰なのか。現実には、障害なんかのある子供たちだったのです。そんな子に、遊ぶ時間をあげるための「河童」なんでした。

そこから日本人の心が見えてきます。

怪談とは、「人から聞いた話」じゃ成立しないものです。最初は破片です。ある町でこんな話があった、と聞く。また別の町でこんな話があった、と聞く。それが何なのか最初は分からない。同じ破片を組み立てていくと、少しずつ形が見えてくる。やがて、その「元」が見えてくるわけです。それを形にする。それが、私のできる怪談になります。

ホラーや落語と並べたり、ある作家は「怪談や幽霊より、生きている人間のほうがよっぽど怖い」というけれど全く違う。比べること自体が大きな間違いです。人殺しでも、幽霊に怯えることがある。なぜなら、怪談は心の中の闇だからです。思いや心が根底にある。ホラーはただの脅しです。しかも、古典落語と違って怪談は設定が現代です。誰もが、頭の中にイメージがわく。おばあちゃんの家、自分が育った家、通っている学校や会社。それでいいのです。誰もが自分の知っているところを思い浮かべながら、自分の心の闇、奥底にあるものに向き合える。

私の怪談はジェットコースターと同じ。話の最中に怖くなっていく。怖くなりながら不思議に気持ちがよくなる。怪談の奥底にある思いや優しさに触れるからだと思う。そして心の奥底にあるものが動き出す。日本人の心の故郷、つまり宗教心ではないでしょうか。日本の文化は宗教なしに語れないし、人間の真理は生き死にがかからないと語れません。我々は信心しようとしまいと、誰もが心に宗教心を持っている。怪談を続けて余計にそう思うようになりました。

だから、我々はお寺を無視できない。日本人である以上、お寺に行かない人はいないし、そこで何か魂をもらっているのです。我々がお寺に望むのは、心豊かにしてもらうこと。それで充分なんです。

（月刊『寺門興隆』二〇一三年六月号）

Mari Christine

異文化コミュニケーター／東京女子大学特任教授

マリ・クリスティーヌ

父はアメリカ人、母は日本人。日本で生まれ４歳まで日本で暮らした後、親の仕事でドイツ、アメリカ、イラン等で生活。その後帰国し上智大国際学部卒、東工大大学院修士課程修了。芸能界で活躍する一方、1996(平成８)年「アジアの女性と子どもネットワーク」を設立し代表。国連人間居住計画親善大使、2005年日本国際博覧会広報プロデューサー、東京農大客員教授、あいち海上の森名誉センター長、シルク博物館名誉館長、九大大学院工学府客員教授等歴任。各種政府委員、講演、ボランティア活動でも知られる。著書『愛・LOVE・フレンドシップ』他。

生き方のお手本

マリ・クリスティーヌ

私は一九九六年に「アジアの女性と子どもネットワーク」という小さなボランティア団体を設立し、現在もその団体の代表を務めています。

団体設立のきっかけは、タイ北部チェンマイ県の山の村の学校に行き、そこで子どもを学校に入れたいと座り込みをしている数十組の山岳民族の親子と出会ったことです。当時はタイの山の中にはほとんど電気が通っていなかったため通信手段は何もない状況の中、口コミで子どもたちが勉強できる場があることを知った親子が前日から座り込んでいるということでした。

私自身も二人の子どもを持つ母親として、教育を受けさせたいという親の気持ちは痛いほどよくわかります。何とかこの子どもたちの入学を許可してほしいと、私も校長先生にお願いしましたが、簡単には物事は進まず、保護者と先生方との押し問答は長い時間続きました。

　この学校は、日本やノルウェーのボランティア団体の支援で三階建ての校舎ができた大きな学校で、生徒はすべて山岳民族の子どもたちです。六キロ以上離れた村から通う子どもたちは学校の寮に泊まりながら勉強をすることができるようになっており、すでに百五十人くらいの子どもが寮で暮らしていました。新たに子どもたちを受け入れるためには寝る場所の確保や寝具の用意に加え、朝昼晩の食事として約百食分の食べものの準備も必要です。海外からの支援で子どもたちの食事や寝具などを賄っているため、教育者としての思いと、簡単に受け入れることができない現実との狭間で先生方の苦しみも大変大きなものであったようです。

　話し合いの末、結局、子どもたちは入学を許可されました。私はホッとしましたが、初めて親と離れて暮らすことになった小学校一年生くらいの子どもたちは食事の時間になってもホームシックでシクシクと涙をこぼし、ご飯が食べられないという状況を目の当たりにし、考え込んでしまいました。

　何故、小さな時から親と離れなければ勉強ができないというようなことになってしまうのかを聞いてみると、山岳民族の人々は日ごろ自分たちの言語を使って生活しているのですが、近年のグローバル化の影響を受け、タイ社会の中で仕事をして暮らしていくためにはタイ語の読み書きが必要であり、それを学ばせるために子どもの入学を希望する親たちが増えているということでした。

タイ北部の山岳地帯には、カレン族、リス族、モン族、ラフ族、アカ族といった山岳民族が百万人くらい住んでいるといわれています。それぞれ独自の言語、習慣、文化、伝統衣装を持ち、民族ごとにコミュニティを作って自然と共存しながら暮らしています。ほとんどの民族がアニミズムやシャーマニズムなどの精霊宗教を信仰しており、優れた手工芸品を作る技術を持っていることでも知られています。

かつて彼らは自給自足で穏やかにゆったりと暮らしていました。しかし、近年になってタイ政府による定住化政策、森林伐採の禁止、焼畑の禁止などに加え、貨幣経済が流入したことにより、これまでの伝統的な暮らしを維持することができず、食べるものにも事欠くような貧困状態に陥るようになってしまいました。時には子どもが身売りされるようなこともあるという事実を聞いた時には大きな衝撃を受けました。

学校の寮で暮らしていると質素な食事ながらも三食を毎日食べることができます。長い休みに自宅に戻り再び学校に帰ってくると痩せてしまっている子どもも少なくないということでした。

子どもは生まれるところを選ぶことはできません。どんな子どもも幸せな一生を送るために生まれてくるのに、このような現実が待っているというのはあまりにも残酷です。何とかこの子どもたちのために自分のできることをしてお手伝いをしたいと思い、一緒にタイの山の村に行った女性たち五人と相談して「アジアの女性と子どもネットワーク」を立ち上げました。

もう少し山の奥の方に学校があれば子どもたちが淋しい思いをせずに通学ができるということを聞き、さらにタイの山の村には学校が足りないのだということも知りましたので、日本に帰って寄付を集めて学校を作ろうと活動を始めました。仕事で講演などの時には時間が許す範囲でタイで出会った子どもたちの話を加えました。友人、知人にも会うたびにこの話をし、活動を続けた結果、多くの方々のご寄付や企業の助成を受けることができました。そして一九九八年、チェンマイから車で二時間ほどの山の村に初めての学校バン・メーランカム・スクールを建設できました。その後も北タイやタイの東北地域、インド洋津波の被災地などにも学校を建てることができ、これまでに十校を建設、現在約三千五百人の子どもたちがこれらの学校で勉強しています。

私たちは団体設立以来、毎年タイの学校を訪問して子どもたちと交流し、何泊かを村や学校で過ごして、どのような支援が必要かを自分たちの目で確かめるようにしていますが、その中で子どもたちから様々なことを学び、私自身がエンパワメントされることが多々あります。

十年ほど前のことです。私たちが山の村の学校を訪問した夜、子どもたちが山岳民族の踊りを披露して私たちを歓迎してくれました。食堂に作られた特設舞台を寮の生徒たちと一緒に囲み、独特の響きの音楽と、日ごろの練習の成果を発揮した上手な踊りを見ていると、先生が観客席の子どもたちと私たち日本人にビスケットを配り始めました。日ごろお菓子などを口にすることも少ないので、特別な夜のプレゼントに子どもたちは大喜びでさっそくビスケットを頬張り始めました。しかし数が足りていないようで、先生がビスケットの残数と子どもの数を確認しながら配布していたので、私は目と手で先生にビスケットを辞退する旨を伝えました。先生が頷いて通り過ぎた後、隣の五年生くらいの子どもが自分に配られたビスケットをそっと私に差し出しました。遠方から来た客に対して彼女なりに最大のおもてなしをしようとしたのだと思います。

「私は大丈夫よ。あなたが召し上がれ」と英語と身振りで伝えると、その子は差し出したビスケットを両手で挟んで食べずにじっと見つめていましたが、しばらくするとビスケットを半分に割ってまた私に渡そうとしました。大切なビスケットを自分の分を割ってまで私にくれようとしたその行為に私は胸がいっぱいになってしまいました。これが私なら、滅多に食べられないビスケットを自分が食べずにお客様に差しだすことができるだろうか？　多分お客様のことは気になりながらも全部自分で食べてしまうに違いない。少なくとも、一度渡そうとしてから大丈夫だから食べろと言われたら、当たり前のように自分の口に入れてしまうだろう……。

マザーテレサの本で読んだ「貧しい家庭にお米を持っていくと、自分たちが日ごろから飢えているにも関わらず、それを自分たちだけで食べるのではなく、半分を隣人に分けに行くということがよくある。食べ物のない辛さを分かっているからこそこのような行為になるのだ」という話を思い出しました。彼女自身、お菓子を食べられない悲しさが分かっているからこそ、ひとり占めするのではなく私に分けようとしたのでしょう。何と心が気高く人を思いやる気持ちにあふれている少女なんだろうと私は大いに自分を反省し、これからの人生では、あの彼女のように周りの人に心を配りながら生きていきたいと心から思いました。人間の生き方のお手本を見せていただいたような気持ちになりました。

私はイタリア系のアメリカ人の父と日本人の母との間に生まれ、日本、アメリカ、ドイツ、イラン、タイと世界の色々な国で育ちました。十七歳の時に単身で日本に留学して以来、日本で暮らし、現在は日本国籍を持っています。日本に来て数年たった時に茶道の先生に出会い、お茶の心得をご指導していただきましたが、その心得の中でも一番好きなのが「一期一会」です。タイの山の中の少女が私にしてくれたことは「茶会に臨む際にはその機会を一生に一度のものと心得、主客ともに互いに誠意を尽くせ」という一期一会の心得そのものでした。ボランティア活動を通して常に自分を律し、生き方をも学んで行けることは本当に素晴らしく、ありがたいことだと感謝しています。

同じマザーテレサの言葉で「大切なのはどれだけ多く施したかではなく、それをするのにどれだけ多くの愛を込めたかです。大切なのはどれだけ多くを与えたかではなく、それを与えることにどれだけ愛を込めたかです」という言葉は私の座右の銘となっています。これからも出会うすべての人に一期一会の気持ちで愛を込めて接していきたいと思っています。

（『月刊住職』二〇一五年九月号）

Machida Kou
ミュージシャン／小説家

町田 康

1962(昭和37)年、大阪府生まれ。中学時代よりロックミュージックを始め19歳でアルバム『メシ喰うな！』でバンドのボーカリストとしてデビュー。その後も音楽活動を続けるが、1996(平成８)年に小説『くっすん大黒』を発表しドゥマゴ文学賞と野間文芸新人賞を同時受賞し小説家としても脚光を浴びる。独自の文体、語法、話法が高く評価され2000年『きれぎれ』で芥川賞、01年詩集『土間の四十八滝』で萩原朔太郎賞、02年『権現の踊り子』で川端康成文学賞、05年『告白』で谷崎潤一郎賞、08年『宿屋めぐり』で野間文芸賞を受賞。近著『関東戎夷焼煮袋』『ホサナ』他。

強烈な現世否定の話を聞きたい

町田 康

中世の説話集『今昔物語』を読んでいると仏教関係の話がとても多く、一見、仏教とは関係なさそうな話も最後はとってつけたような仏教の話、それも教訓的というか、さほどに教えというものはありがたい、とか、このように仏の教えに背くとえらい目に遭うよ、といった話になる。

というのは、そうした方が話のまとまりがつきやすい、落ちがつけやすい、つまり人々の腑に落ちる、ということもあるのだろうけれども、基本的に仏教をリスペクトする姿勢を崩していないからであろう。

それが『宇治拾遺物語』になると、同じように仏教がらみの話は多いのだけれども、尊敬心があまりなく、逆に僧や法師が失敗して笑い物になる話が多い。

どれも爆笑だが、パターンとしては聖人として崇められている僧が実は普通の人で嘘がばれて困惑する、というパターンが多く、桂川に入水して往生をするという、聖として崇められている僧が、熱狂した群衆が見守るなか、ついに入水することになるのだけれども、いざとなると恐ろしくなり、言を左右にしてなかなか水に入らないでいたが、いまさら引っ込みもつかず、ついに入水した。しかし、気持ちが定まっていないので静かに沈んでいけず、手足をばたつかせてもがいていたところを、見物人に助けられる、なんて話が収められている。

或いは、高い地位に就き富を築いている人の家に入っていき、「自分は煩悩を断ち、生死流転の境を出た聖人である」と言って衣の前をかき上げる。家の者が見ると確かに、ただ袋がふたつぶら下がっているばかりで、あるべき物がそこにない。それで一瞬、これは本物だ、と信じるのだけれども、この家の主の機転により、一物を睾丸で覆い、糊と毛でこれを固めていたことが露見して、一同、大爆笑、というアホとしか言いようのない展開をして終わる話もある。

というと、私が特別にアホーな話を選んで書いているように思われるかも知れないが、はっきり言って、ほとんどこんな話で、特に選んでいる訳ではない。

或いはまた、平安中期の天台僧で、なにかと奇行が多かった増賀についての話も『宇治拾遺物語』は独特で、鴨長明が書いた『発心集』などでは、奇行にはいちいち深い宗教的洞察や意志が隠されているとされていて、実際にそうだったのだろうが、『宇治拾遺物語』では、極度に身分の高い女性の戒師として宮に上がり、「自分が呼ばれたのは陰茎がでかいからですか？　もう歳で役に立たないのですが」と暴言を吐いた挙げ句、帰り際には「風邪を引いて腹をこわしているところを無理をしてやってきてずっと我慢していたがもう無理です」と言って宮中の廊で尻をまくって庭に突き出し、下痢便を勢いよく噴出した、という話を単に楽しい話として収め、そんなことをすればするほど尋常ではない高僧として評判は高まっていった、と結んで、いわば狂気の天才として描いている。

この『発心集』と『宇治拾遺物語』の見方の違いは奈辺にあるのだろうか。

といってすぐに分かるのは、あの『方丈記』の鴨長明が書いているのだから当たり前の話だが、『発心集』が物の分かった人、いわば知識人の視点で書かれていて、だから増賀上人の奇行についても、現世を厭い、現世への執着を断とうとするその真意を見抜いて、それに言及しているのに対し、『宇治拾遺物語』は増賀についても、或いは空入水の僧、穀断ちの聖などについても、その表面上の笑えるところだけに焦点を当てて、これに宗教的な意味を一切与えない、いわば庶民の視点に貫かれている、という点である。いま風に言えばワイドショー的ということか。

ということは、『宇治拾遺物語』的な、ということは庶民的な観点から見ると、僧や法師は、いまでいう芸能人のような立ち場にあったということで、そのように考えて読むと、成る程なあ、と思う点が幾つもある。

というのは、たとえば、桂川に入水して往生すると称して僧が、いよいよ百日間の修行を終えて桂川に向かう道中、街道に集まり、叫び、歓喜して、熱狂的にこれを支持する群衆の様子は、今日のロックコンサート会場のそのものだし、その後、怖じ気づいてこれを遷延し、様々に取り繕い、結果、悲惨かつ滑稽なことになる様を描く筆致は、今日の著名人の醜聞を叩くマスコミの手つきに酷似している。

或いは、陰茎を陰嚢に隠して煩悩を切除したと嘯き、米や銭を騙りとろうとした聖法師の話はあまりにも馬鹿馬鹿しく、実は、半分は騙りだが半分は、みんなを笑わすためにわざとこんな馬鹿なことをやったのではないか、という疑いが拭えない。実際にはこの法師は結果的に、実におもろかった。笑わせてくれた。ということで、追い出されるのではなく米か銭をもらったような気もする。

ではなぜ、『宇治拾遺物語』は僧をそのように芸能者のように描くのかというと、もちろん、普通の人がそういう話を「おもしろがった」からであろうし、庶民からすれば僧は、超越的な者との通信回路を持ち、意味がわからない不可解なパワーを持ちながら、自分たちと同じ人間であることは変わりない、矛盾した怪しげな自称カリスマ集団であったからだろう。

普通の人は、そうしたものを、「おもしろがった」のか。そしてまた、普通の人は、そうした、おもしろいこと、すなわちエンターテイメントを必要として、それはいまも変わらない。なぜか。

それは、いずれにしても現世に生きて、いずれは死ぬる人が、さまざまの不安や恐怖を身の内に抱えていて、その不安や恐怖からできれば永遠に、できれば一時でも免れたい、一言で言えば救われたい、と願っているからであろう。

そのためにはなにが必要かというと、そう、この世とは別のあの世、もう一つの世界で、なにしろもっとも不安で恐ろしいのは、死んだら自分はどうなるのか、という点で、どこに行ってどうなってしまうのか。或いは消滅してなくなってしまうのか。或いは、魂が苦しみ続けるのか、どなたかわかりやすく説明して欲しい、と皆が思っているが、そのひとつのモデルがあの世、というもので、「大丈夫。あの世というものがあって……」と説明されるとかなり不安が軽減される。

　だからさっきはエンターテイメントと言ったが、実は現今の文学も映画も音楽も建築も美術もこうしたモデルのひとつで、この世ではない、もうひとつの世界の提示というものが、そのベースにある。

　しかし、やはり多くの人が求めているのは精緻な論考や勿体ぶった詠嘆ではなく、直接的なおもしろ味、すなわち『宇治拾遺物語』的な世界で、そういうものによって、というのは、たとえば哄笑・爆笑によって一時、自分を忘れ、この世のことを忘れて救われることを願っているのである。

　という訳で、いま現在は中世の仏教が果たしていた役割の殆どを音楽や映画が担っている。極端な言い方をすれば、いまの音楽や映画、美術さらには学問も、かつて仏教が担っていた役割を担って宗教化しているといえる。

　けれどもそれは極端に希釈され、当たり障りのない綺麗事、上っ面な者ばかりと成り果てて、提示するもうひとつの世は魅力に乏しく、それどころか、生ばかりを強調して死をないことにしているため逆に死への恐怖を増大させ、最近では、死は悪であり、間違ったことである、といったような風潮を呼んでいるようにすら思える。

そして考えてみれば、そうした学問や芸術、芸能の源流である仏教は現状どうかというと、そうした「おもしろい」芸能部分は殆どなく、知識人に訴える真面目な研究、或いは、一般からは、よく、抹香臭い、と言われるような陰気な部分だけに特化している。

けれども現今、昔の日本の仏教にあったような強烈な現世否定、現実否定を根幹に持ちながら、人の身体や感情に直接訴えかけるような、新しい仏教音楽や美術で、もうひとつのこの世を提示すれば、救われない若い人、先の見えない状況のなかで働く人、自分の生涯を振り返って悔いている人などの救いとなり、死の恐怖が和らいで生も輝くのではないかと私は思うが、そんなことは小説でやれ、どあほ。と多くの方が仰るだろう。申し訳ない。

（『月刊住職』二〇一七年十一月号）

Yoshinaga Michiko
ノンフィクション作家

吉永 みち子

1950(昭和25)年、埼玉県生まれ。東京外語大インドネシア語学科卒。競馬専門紙の会社に入社し日本初の女性競馬新聞記者として注目される。その後夕刊紙『日刊ゲンダイ』記者を経てノンフィクション作家となる。83年優駿エッセイ賞最優秀作、85年『気がつけば騎手の女房』で大宅壮一ノンフィクション賞を受賞。テレビ番組のコメンテーターとしても活躍中。政府税制調査会、地方分権改革推進会議などの政府委員を歴任。現在、映画倫理委員会委員他。著書『旅路の果ての名馬たち』『子供を蝕む家族病』『試練は女のダイヤモンド』『人生を決めた〝あの時〟』他多数。

「お父さんはもうすぐ死ぬから」

吉永 みち子

『月刊住職』という雑誌が出ていることを、恥ずかしながら原稿を依頼されて初めて知った。初めて見るもの聞くものには心が躍る。けっこう世俗的な戦いが繰り広げられているんだなあと妙な親近感など覚えつつ、面白く拝読させていただいた。そして楽しい読書の時間の後に待ち構えるのは、さて何を書いたらいいのか……という深い悩みである。

しかもタイトルが〈寺院・住職に直言・提言する〉というのである。寺院という言葉からは立派な建物が頭に浮かび、住職さんとなるとお寺さんとのつきあいが消えてしまっている今、ほとんど具体的な姿が見えない。見えないけれど、やはり何だか特別な感じがして、うかつにモノなど言えない雰囲気を漂わせている。そこに向かって直言だの提言だの畏れ多い。困ったことになった。困った時は、じっと待つに限る。じっと待っていると、何かの糸口が見えてくるというのがこれまで生きてきて身に着けた私の流儀。やっとひとつのキーワードが浮かんだ。死という言葉である。つまり、私の人生の中で、お寺さんや住職さんとのこれまでの繋がりは、いささか情けないことに葬式という一点だったというわけだ。

私が死を意識したのは、幼稚園に入った頃だったと思う。意識したというより意識させられたといった方が正しい。誰によって意識させられたかというと父親からである。

まだこの世に生まれたばかりで、日常会話がやっとこの五歳か六歳の幼い子には、普通、死なんてもっとも遠いはずだ。しかし、我が家はそんな悠長な状況ではなかったのだ。

私は父が六十歳、母が四十歳の時に生まれたので、幼稚園の頃の父は六十五歳。今どきの六十五歳はジーパンが似合う人も多いが、当時はもう立派なお爺さん。母もけっこうなオバサンである。もうひとり「お兄ちゃん」と呼んでいた人がいたのだが、その兄との年齢差が二十七歳。

うちは何だか変だぞ！　と気づいたのは、友達の家族と比較できる幼稚園の運動会の日だった。両親は他の家では祖父母のような年恰好で、兄が父だとみんなと同じになる。子供心に灯った大疑問について、無邪気に口にしてはいけないような気がして、何でだろう？　という不思議マークだけを抱えこんだのと同時に、父が私に妙なことを言い始めたのである。

「お父さんはもうすぐ死ぬから」

死ぬという言葉は辛うじて知っていても、それがどういうことなのかはよくわからない。だから「ふーん、そうなの」という程度の軽い受けしかできなかった。父にしてみれば、この子はわかっていない！　と心配になったのだろう。それはもうしつこく「いいか、もうすぐ死ぬんだからな」と私の顔を見るたびに繰り返す。さすがの私も、ある時ハタと気が付いた。

「それって、お父ちゃんがいなくなっちゃうってこと？」

その答えが正解だったらしく、父がほっとしたように「やっとわかったか」と言った。

父は、やけにうれしそうだったけど、私にしてみれば父にいなくなられたらどうなっちゃうのかという不安が生じるわけで、「そんな、イヤだよ」ということになる。

イヤだといってもどうにもならないのだと父は言う。年取っているから、しょうがないのかなあ……しかし、父がいないとなるとお金は誰が稼ぐんだろう？　頼りは兄かと思ったが、その兄は「俺は生まれてこなかった方がよかったんだ」と訳のわからんことを言ってはため息などついているのでアテになりそうもない。そのうち兄が結婚してやれやれと思ったのも束の間、兄嫁と私の母の折り合いが悪くて出て行ってしまったのである。

「行かないで！」とお願いしている私に「お前に後を頼むからな」と兄は言い、何を頼まれちゃったのかもよくわからないのに、私は思わず「うん」と言ってしまった。

そんな状況で、父が死ぬ死ぬと繰り返す。友達の家でも父親たる人はそういうことを子供に言うのか聞いて回ったが、みんなキョトンとしている。

何だか厄介な家に生まれちゃったなあと思ったものだ。

父は、自分がいなくなることを私が理解したとわかったら、次は、自分が死んだ時に私が何をするべきかということの教育に取り掛かった。

小学校に入って言葉数は増えたとはいえ、私にはほとんど意味不明。まず、近所の医院を三カ所、教え込まれた。まず、ここへ走れ。そうして、死亡診断書なるものを書いてもらえという。

やっとひらがなが書けるようになった私に、父は死後の段取りをノートに書かせたのだが、「しぼうしんだんしょ」としか書けないのだから、意味などわかるわけがない。

しかし、人が死ぬとやらなければいけないことが山のようにあるのだとは理解できた。親戚に電話をする。電話が家にある時代じゃなかったから、呼び出しの方法を覚えなければならない。

役場にも行けという。さらに、いつもお墓参りに行っているお寺に行って、住職さんに葬儀を頼めという。何たって「じゅうしょくさん」たるものが見えない。「どんな人？」と聞くと、眼鏡をかけた太った五十代の人なんて答えが返ってくる。つまり、父が死んだら駆けつける先というのが、私が最初にお寺さんに抱いたイメージである。

そんなわけで、父との短い時間のほぼ九割が死にまつわる会話で終わった感がある。訓練の甲斐あって、八歳の時に父が死んだ時には、教え込まれた通りに抜かりなく葬儀を執り行うことができた。父にとって死は段取りで完了するといったものだったようだが、徐々にノートの文字に漢字が混じるようになるにつれ、私の中では死ぬということはどういうことなんだろうという思いが深くなっていったのだ。でも、目の前の父はそんな問いには答えてくれない。母は「縁起でもないことを子供のくせに考えるな」と怒るばかりだった。

死ぬ前に人間はどういう状況になるのか？　死ぬ瞬間には、どんな変化に見舞われるのだろう。人は死んだらその後どうなるのだろう。私が知りたいことに答えてくれそうな大人は誰もいなかったし、一緒に考えてくれそうな人も皆目見当がつかないまま、父が私に託した日がやってきてしまった。

想定外はただひとつ。その日が正月の二日という世の中すべてが休んでいる日だということだった。朝、六時に母が起きて「朝の食事は何にする?」と聞いている声と、「正月三が日は雑煮だ。でも寒いから遅くていい」という父の答えを布団の中で半分寝ながら聞いた。そして、八時過ぎに「寝坊しちゃったね」と言いながら父のところに行った母の「お父さん、死んでる!」という声がしたのである。

「ねえ、どうしよう」という母に、かねて準備の段取り通りに、私は電話を借りる予定の隣の経師屋さんの家に行き、親戚に電話をしたり、電報打ったり。さらに医者に走り、お寺に走り……正月だったせいか、本当に留守なのか居留守なのか、あっちこっちで待たされ、飲まず食わずで奮闘しても段取り終了が夕方近かったのを覚えている。

その間、ずっと父のことを考えていた。二時間前にはお雑煮を食べるつもりでいたのに……見た目は眠っているようだったけど、苦しかったんだろうか。身体は冷たかったけど、気持ちはまだそこら辺に残っているんだろうか。私が手を抜いたら怒ったりするんだろうか。どれもみんなわからない。ただ、人は次の瞬間に自分に死が訪れることすらわからないんだなあということだけは強烈に感じた。その結果、今生きていることに安心できないというか、生きている状態がアテにならないというか……明日を確かなものと感じられなくなってしまったのである。あの時以来ずっと今日が最後かもしれない、次の瞬間に死が生きている時にとって代わるかもしれないと思いながら生きてきたような気がする。

だから、今がとてつもなく愛おしいというか、貴重に思える。仕事をしていても、おいしい料理を食べていても、これが最後かと思うと精一杯一生懸命になる。

親子らしい楽しい会話などひとつもなかった父が私に残してくれたのは、今になってみればそういう生きる姿勢のようなものだったのかと思う。

でも、段取りの中で葬式のために駆け込むところだったお寺さんが、もし人が死ぬことについて聞きに行ってもいい場所だと教えてもらえていたなら、もしかしたら私と死の関係、私が生きている自分に常に感じていた不安や不安定さを、もっと早く乗り越えられたかもしれないのにと感じることはある。生きている人のために存在するお寺さんこそ、必要なのではないだろうかと思うのだが……死なない限りなかなか門が見えない。あの頃の私みたいな子に、今は門を大きく広げて迎えてくれるのだろうか……そうであって欲しいなあと思う。

（『月刊住職』二〇一六年十一月号）

Kobayashi Asei
作詞・作曲・編曲家

小林 亜星

1932(昭和７)年、東京都生まれ。慶大卒。作曲を服部正氏に師事。61年レナウン「ワンサカ娘」「イエイエ」はじめ明治製菓「チェルシー」、ブリヂストン「どこまでも行こう」、日立「この木なんの木」等次々ヒットＣＭを作曲。ドラマ音楽（向田スペシャル、裸の大将等）や歌謡曲、アニメ(狼少年ケン、ひみつのアッコちゃん、魔法使いサリー等）も作曲。72年ピンポンパン体操で日本レコード大賞童謡賞受賞。74年向田邦子作ドラマ「寺内貫太郎一家」に出演、大好評。古賀賞、中山晋平賞、76年に都はるみ「北の宿から」で日本レコード大賞受賞など幅広い活動を続ける。

私のいいかげん死生論

小林 亜星

私は、この八月（二〇一八年）が来ると、満八十六歳になります。この年齢になりますと、月に三回ぐらい葬式があります。知人がどんどん亡くなって行くのです。こちらはたいしたご縁ではないと思っていた人も、最近大流行の偲ぶ会とかでお声がかかってくる。こんなもんが流行るのは「〽私はそこにはおりません、風になって空を飛んでいます……」とかいう歌のせいでしょうか？　おかげでお坊さん上がったり？　この歌に異を唱える人が出て来ないのも不思議です。

私は死んでも偲ぶ会なんてやりたくありません。けど、死んだら私が口を出せないのですから、どう書き残して置こうと、残った連中が何をするか解ったもんではありません。

さりとて散骨なんて行儀の悪い自己中なことを、平気でする奴も迷惑な話。

バッハやモーツァルトじゃあるまいし、僕の作った曲なんて、死んだら消え去るのみ！　宇宙時計から見れば、一瞬の出来事。そんなもん後生大事に抱えて死んで行く仲間が多いのにはがっかり。

僕が身内の死というものを経験したのは、五歳の時でした。三歳になる弟の亜土が、暑い夏の日突然、疫痢で急死したんです。

僕は病院で柩の中に花を手向け、お隣のお姉さんの家にあずけられましたが、家に飛んで帰って、一人で、両親が帰って来るまで泣き続けました。

これが僕と死との初めての出会いです。

この時の母の狂乱ぶりは忘れられません。

「亜土の代わりにお前が死ねば良かった！」と言われて、長い間苦しみましたが、哀しみの余りに別人になってしまった母が、心にもないことを口走ってしまったのだ、と理解するには時間がかかりました。

次の身内の死は、父でした。私の父は直腸癌で亡くなったのですが、自宅療養中、突然容体が急変し、救急車で近くの病院に運ばれました。

病院に着くなり、父はいきなり、「亜星、俺の靴は何処だ？」と聞きました。「急いでいたので忘れて来た」と私が答えると、父は悲しそうに「そうか、俺はもうここから出られないってことか！」と言いました。私は今でもその時の父の悲しそうな顔を忘れることができません。父には心配ばかりかけた私ですが、最後にとんでもない親不孝をしてしまったのです。

母は、私の親しいドクターの病院で、百二歳で亡くなりました。最後の言葉は「もういいわ」でした。

たしかに永生きも程々、楽しいと思うことができなくなってまで生きていても、かえって不幸だなと、実感しました。そんなこんなで、両親と弟が一緒の墓に眠っておりますが、近々、私もそこに入ることになるでしょう。

肉親の死以外に、死といえば私には忘れようにも忘れられない思い出があります。

高校二年生の時、私にはＫ君という親友がおりました。

まだ敗戦から五年しか経っていない頃で、生意気盛りの二人はご多分にもれず、当時大流行だった、サルトルの実存主義とやらに気触れておりました。

キェルケゴール等の宗教的実存は、死後にあの世というものがあり、そこで良き地位を得るためには、現世での行いが大切であるというものでしたが、戦後派のサルトルの主張は、あの世なんてものはないが、それを恐れることなく、現世を楽しく生きるべし、というもので、当時の若者たちに大受けでした。

あの世が在るか無いか？　二人は若気の至りで論じ合いました。その折にふとK君が、「じゃ僕が死んでみて、あの世が在るか無いかを、万難を排して君に伝えるから、知らせがなかったら、あの世など無いと思ってくれ」と言ったのです。

私は何を馬鹿なことを言ってるんだと、気にも留めなかったのですが、夏休みに入ったある日、彼のご両親から電話がかかって来て、息子が、机の上に小林亜星と書いた紙を残したまま行方不明になったと言うのです。驚愕した私は、一緒に行った大島など、ここと思われるあらゆる所を捜し廻りましたが、何の手懸《てがかり》も得られませんでした。

私は彼の残した言葉を、誰にも伝える勇気がなく、心の奥に封じ込めてしまいました。

それからの私には地獄の日々が待っておりました。

今日連絡があるか、明日あるか？　しかし、未だに何の連絡もありません。

最近、漸くこの呪縛から解放されたような気がしています。

連絡がないのは、あの世が無いか？　在っても伝える手段がないか？　私に受け取る能力がないか？　のどれかであるという結論に達したのです。

今、私は死を迎えることを楽しみにしております。どこかで再びK君と巡り逢えるのではないか？　と思うからです。

しかしそう考えながらも、私という奴めは、永生きを目指して、日々努力する生活を送っているのですから、どうにもならぬ矛盾した存在です。

永生きの条件の第一は、人を殺したり殺されたりする戦争はしない、他人と競わないということです。極端な話、スポーツも人と人とが争うものが多いので好きになれません。

最近解ったことですが、私は子供の頃から心臓にブロックという欠陥があって、水泳もできず、かけっこはいつもビリでした。

飲み歩くのが大好きな私ですが、男性と飲む相手は近所にいる小学校からの親友H君だけです。

動物でも気の効いたオスは、メスをたくさん従えているが、あぶれたオスは、仲間同士で群れています。

男の本質は焼餅やき。つまらないことに気を遣っていては永生きはできません。

次に大切なことは茶の湯の教えとでも申しましょうか？　あらゆる身の周りの物事や行動に、大げさにいえば、この世で最高に近いと思える美を追求すること。

これがなかなかできない！　書斎を常にキチンと片付けておくだけでも一大事。

季節の花、壁の絵、聞こえる音楽、全て美しくありたい。もちろん廻りの女性も！　となると大変！　金もかかる。ま、心掛けだけでもそのように……。

次にガンジーのいう「命あるものは食さない」との教えも、気になります。

あらゆる生物は、他の生物のいのちをいただいて生きておりますが、そうではなく、元々我々が食べるためにこの世に存在する物質がある。他の生命を奪うことなく、そうした物質を食していれば、長寿全う間違いなしだという教えです。

その物質とは、乳と果実と蜂蜜の三つです。どの物質も、食べられるために存在するのです。

なかなかこれを守るのは大変ですが、私はこれに近付くように一応努力している心算《つもり》です。

三つ目に歯の重要性を指摘したいです。どんな病気も、その原因になる菌のほとんどは、口から入ります。ところが歯科医と内科医とは、全く別の部門のため、共通の認識に欠ける部分があります。

病は口から！ 私は一回に電動注水器、電動歯ブラシ、手動歯ブラシの三つを使って、朝夕二度の口中の手入れを欠かしません。

その上、月一回は必ずクリニックに行き、各部位の専門医の検査を受けています。

こうなると、ちょっと異常かも知れませんが、この他に、重りを付けての足上げ体操。電車に乗って出かけること。等々を自分に課しております。

それに一番大切なことは週二度ほどの酒場通いで大いに笑うことでしょうか？

今日も友達の訃報が入りました。ここのところ続いています。その度に会う連中の半数はステッキをついてます。

いよいよ俺も近くなって来たぞ！ と思う今日この頃ですが、余り長く生きたいとも思わなくなりました。

ま、どうやら死刑とか刑務所で死ぬのだけは免れそうなのでホッとしてます。

葬式は、僕はもうそこにいないので、何をされようと文句はありません。

あの世で、「待ってたよ」というK君の嬉しそうな顔が見られたら、最高です。


（『月刊住職』二〇一六年八月号補遺）

Tsumura Kikuko
作家

津村 記久子

1978(昭和53)年、大阪府生まれ。大谷大国際文化学科卒。会社勤務のかたわら創作をはじめ2005(平成17)年『マンイーター』で太宰治賞、08年『ミュージック・ブレス・ユー!!』で野間文芸新人賞、同年度に咲くやこの花賞(文芸その他部門)、09年『ポトスライムの舟』で芥川賞、11年『ワーカーズ・ダイジェスト』で織田作之助賞、13年『給水塔と亀』で川端康成文学賞、16年『この世にたやすい仕事はない』で芸術選新人賞、17年『浮遊霊ブラジル』で紫式部文学賞を受賞。著書『君は永遠にそいつらより若い』『カソウスキの行方』『婚礼、葬礼、その他』『ポースケ』他多数。

お寺という居場所

津村 記久子

お寺にはよく行きます。信仰があってというわけではないのですが、お寺の庭で過ごすことが好きなのです。世の中にはいろいろな、お金がかかっていたり、新しかったり、センスよく心地好かったりする庭のような場所がありますが、わたしにとって、もっとも良い庭を持っているのはお寺です。

庭園の造り方について、詳しいことは何も知らないなりに、枯山水のような造られたものはもちろん、苔や樹木などが好きなのです。

お寺の庭の緑は、心なしか、公園のそれよりも深く、そして少し褪せていて、日本的な緑色をしているように思えます。いつも心の中にあるような緑です。それらが近くにあると、とても静かな、穏やかな気分になります。お寺を一歩出ると、またくさくさしたことを思い出したりもするのですが、とにかくお寺の庭で過ごす時間だけは、それらから離れていることができます。

もっともよく行くお寺は、京都の東福寺です。紅葉のシーズンも素敵ですが、緑が年中あって、いつ行っても良いなと思います。この十年ほどは、友達と京都のお寺を三カ月に一回ほどは訪ねています。花見や、絵図や仏像を観に行くというように確固たる目的がある時もありましたが、お寺という空間で過ごすことや、ただ庭を眺めて良い気持ちになりたくて、お寺に行くこともあります。どこのお寺も、日常の喧騒とは隔絶された穏やかさを提供してくれたように思います。

思い出せるまま、順不同にざっと挙げますと、南禅寺、金地院、醍醐寺、知恩院、高台寺、銀閣寺、金閣寺、清涼寺、天龍寺、龍安寺、建仁寺、東大寺、興福寺などを訪ねました。

清涼寺に関しては、巨大な法輪がおもしろくて、小説にも書きました。羅漢の図も、とても好きです。

また、わたしの一族のお墓は、大阪市の北御堂（本願寺津村別院）にあり、祖父母の遺骨は一時、東本願寺におさめられていました。

どちらも、庭や際立った絵図があるわけではないですが、とても良い場所だと思います。それらの場所の、待合室が好きです。座る場所があって、静かで、穏やかです。考えに沈むことも、何も考えないことも、強制してきません。問いかけてこない場所、というふうにも言えるでしょう。

いい意味でも悪い意味でも、今の世界では「何々をどう思うの？　どうするの？　買うの？　買わないの？　いずれ買うの？　人になんて言うの？　言わないの？」といったような、癖のような問いから逃げることは困難です。

家に帰っても、帰って安らぐなりの問いかけがあります。何時までに何か食べなければいけない、だとか、レコーダーの空き領域を増やさなければいけない、だとか、部屋を片付けなければならない、といったことです。ごく普通の、そういった営みも、疲れ果てている時は困難です。ただ「過ごす」ことだけが、その疲労を癒してくれるわけですが、その「過ごす」ことが、情報に囲まれていると難しくなってくるのです。

わたしがお寺という空間が好きなのは、「過ごす」ことが容易にできるからなのではないかと思います。

ただ、日常の中でそう何度もお寺を訪ねる機会はありません。休みといえども、午後五時には閉まってしまいますし、平日の仕事帰りなどには、当然行くことができません。しかし、社会で働く人がいちばん「何も考えないこと」を求めているのは、仕事から帰る時なのではないかと思うのです。その時には、もうお寺はほとんど開いていないし、あてがあったとしても、必ずしも会社の近くで気軽に寄れる場所というわけではありません。

なので、あらゆるお寺に観光地化して欲しいというわけではないのですが、もっと檀家としての付き合いのないような人にも、オープンになっていただけるとありがたいです。

考えてみると、日本の普通の住宅地で、マンションやスーパーマーケットや学校などの公共の施設、並外れた豪邸や会社の社屋以外で大きな建造物というと、お寺ということになります。

人は、体調や気分によって、それぞれの時間で違う居場所を求めます。家と職場があればいいというわけではないのです。それでは心が擦り切れてしまうため、カフェや喫茶店に寄ったり、居酒屋に行ったり、公園で散歩したりします。わたしは、そのような中間の場所として、お寺があってもいいんじゃないかと常々思っています。

カフェや喫茶店や居酒屋は、飲食することが入場する条件ですが、いつも何か飲み食いがしたいというわけではないですし、公園は少々広すぎると感じることもあります。焦点が定まらないのです。もっとも、それがいいという人もいると思われますが、そういう人にでも、お寺という場所は喜ばれると思います。

何か、ロビーのようなスペースがあれば、中間の場所を求める人は、そこに座ってぼんやりするでしょう。ひょっとしたら、家にも職場にも街にも疲れている、そんな人たちこそが、ある種の仏教的な救いを求めているとも言えなくもないのではないでしょうか。お寺がそういった場所になってくれるのでしたら、外で普通に働くわたしたちにはとても心強いです。

三十代も半ばになるとよくわかってくるのですが、人は、やさしい人間関係や、やりがいのある仕事だけに救われるわけではありません。そのどちらにも疲れることはあって、そういう時はただ、何もないこと、何も問われないこと、じっとしていられることで、気が晴れるのです。

どうしてそういう気持ちになるのか、少し具体的に言うと、情報の多寡と空間の密度に関係があります。

カフェや居酒屋では、他にお客がいるという状況に必ずさらされますし、お客がいないことでも不安になります。公園は、あまりに開かれすぎていて、その中で何か動きがあると、過剰にそちらに気がいきます。何か静寂を乱すものがあっても、ほとんどコントロールされていないという所在無さがあるのです。しかしお寺の庭には、守られているという安心感があります。建物の中だという物理的なものもありますし、仏様がいらっしゃるのだという精神的なものもあります。お寺の庭は、程よく抑えられた視覚的情報と、不自然ではない静けさと、それらを保護してくれる要素に恵まれているといえるでしょう。

車の好きな人は、気が滅入ったらただドライブをする、といいます。車に乗らない人にも、そういう場所があればいいなとつねづね思っていて、お寺がそこになってくれるのが、わたしの願望です。

わたしが十年半勤めていた会社の近所には、大きなお寺がありました。桜がとてもきれいなお寺だったのですが、門はいつも閉まっていたような気がします。会社の定時が午後五時半だったから、門が開いているところを見たことがなかったのでしょうか。そこにいらっしゃるお坊さんたちとは、わたしの会社と昼休みが重なっていたのか、よくコンビニで顔を合わせました。わたしたちは、話をすることはありませんでしたが、お坊さんもコンビニに来るんだな、と来る日も来る日も同じ社内の周りの人に少し飽きていた（正直言って、常に業務上の関係があるものですから、倦んでいるという側面もありました）わたしには、日常のちょっとした新鮮なこととして感じられました。会社の帰り、そのお寺に寄ってぼんやりすることができればどんなに良かったかと思います。そう感じているのは、おそらくわたしだけではないでしょう。立派な桜があるからぜひ見せて欲しい、というだけでもないのです。

誰もが極論するように、家の安定と仕事のやりがいさえあれば、人は充足して生きていけるかのように語ります。わたしは、それだけではないように思うのです。お寺という場所には、どうかその二者の緩衝材となっていただけることを望みます。

（『月刊住職』二〇一四年二月号）

Uchida Tatsuru
思想家／武道家

内田 樹

1950（昭和25）年、東京都生まれ。東大文学部卒、東京都立大大学院人文科学研究科修士課程修了。フランス現代思想からユダヤ人問題、社会、政治、教育、映画、さらに武道論まで極めて広範囲にわたる著作で注目されている。神戸女学院大教授（現名誉教授）を経て京都精華大客員教授。2007（平成19）年『私家版・ユダヤ文化論』で小林秀雄賞、10年『日本辺境論』で新書大賞、11年伊丹十三賞を受賞。また合気道７段、居合道３段など武道家としても知られ、合気道「凱風館」館長。著書『ためらいの倫理学』『レヴィナスと愛の現象学』他多数。近著『日本の覚醒のために』他。

道場という空間

内田 樹

今から二十年以上前、私が神戸女学院大学に在職中に、ある銀行系のシンクタンクが大学の財務内容の調査に入ったことがあった。私は組合の執行委員長だった関係でヒアリングを受けた。そのときに調査員が神戸女学院の建物を見て「無価値」と査定したことに驚愕した。「築六十年の建物なんか、これから先、修理や耐震工事で金がかかるばかりです。こんな建物を維持してゆくのはドブに金を捨てるようなものです」。調査員はそう言い切った。

神戸女学院の学舎は、ウィリアム・メレル・ヴォーリズが設計した多くの建物の中でも屈指の傑作である。外形的に美しい建物であるというだけでなく、「校舎が人をつくる」というヴォーリズの言葉の通り、学舎としての機能が卓越していた。建物のあちこちに建築家の気遣いが感じられた。中にいると心が鎮まる。教室での声の通りもすばらしい。その建物で日々を過ごしている学生や教職員の実感をコンサルタントはまったく無視した。彼らが勘定に入れたのは坪単価とか築年数というような数字だけだった。

コンサルタントがその価値をゼロ査定したヴォーリズの校舎は先般、重要文化財に指定された。現役の校舎として重要文化財に指定されたケースは希である。今もその校舎の中で研究教育が行われて、礼拝が行われ、クラブ活動が行われている。そういう環境の中でキャンパスライフが送れるということは、生徒学生たちにとっては文字通り「プライスレス」の経験である。けれども、のちに重要文化財に指定されることになる建物の価値の「プライス」をこのビジネスマンたちは感知できなかった。私にはそれがむしろ信じられない。

どうしてこの建物の価値を感じずにいられるのか。どうすればそれほど鈍感でいられるのか。この建物に一歩踏み込めば、ここに特別な、独特の空気がみなぎっていることは誰にでもわかるはずである。

そこにいるだけで心身が調う場所というものがある。名刹や「聖地」にはそのような強い力がある。たしかにそれはそこに立った人間の身体実感によってのみ感知されるものであって、数値的外形的なエビデンスを示すことはできない。

数値的に考量できないものは「存在しない」とみなす、そういう鈍感な人たちが今の日本社会を埋め尽くしている。霊的感受性が劣化しているのである。だから、霊的に浄化された空間に踏み込んだときに、そこが世俗とは別の場だということが感知できないのである。

私は二〇一一年に大学を退職して、神戸に自分の道場を建てた。二十五歳のときに多田宏先生に就いて合気道の稽古を始めてから三十五年目のことである。小さくてもいいから、一年三百六十五日二十四時間自由に稽古に使える道場が欲しかった。それがかなった。

自分の道場が欲しかった第一の理由は、そこに「霊的なもの」を勧請したかったからである。それまで稽古に利用していた道場はどこも公共施設であった。行政は政教分離の建前であるから、公立の武道場には扁額がかかっている場合もあるが、多くは何もない。神棚も掛け軸もない。正面にあるのはバスケットのゴールということもあり、「非常口」や「火の用心」であることもある。それに向かって「神前の礼」をする。

だが、「道場」というのはもともと道を究めるための修業の場である。そこに「超越的なもの」との回路がないということがあってよいはずがない。

私が修業している武道というのは、思い切って単純化して言えば、野性のエネルギーを、心身を調えることによって発動してゆく技術である。「超越的なもの」が自分の体を貫いて流れるという実感を得ることこそが武道修業の要諦である。その意味ではすぐれて宗教的な経験である。だから、武道の道場には、神棚であっても、仏壇であっても、十字架であっても、とにかく「超越的なものとの回路」が存在する必要がある。人間世界の外部と繋がる回路がなくては道場は成立しない。それがない道場は、ご本尊がないお寺、ご神体のない神社、十字架のない教会に等しい。けれども、日本の公共施設の武道場はそれがない。何もない。道場なのに「超越的境位との回路」が存在しない。

私の凱風館道場は正面には合気道開祖、植芝盛平先生の肖像がかけられ、正面右には神棚、左には二代道主植芝吉祥丸先生の揮毫された「合気」の扁額、道場後方には私の師である多田宏先生の書かれた「風雲自在」の額が掲げてある。これによって武道的空間がかたちづくられている。

道場での稽古時間は一日二〜三時間。居残り稽古をする門人がいるが、稽古を終えて清掃をして扉を閉めると、あとの二十時間くらいは無人である。道場長の特権で朝一番に道場の扉を開ける。すがすがしい藺草《いぐさ》の香りのする暗い道場の畳に座って、祝詞と般若心経を唱える。二十時間ほど誰も立ち入っていない道場には独特の空気感がある。空気の粒子が細かく、ひんやりしている。この空気を醸成するためにはそれだけの時間「道場を休ませる」ということが必要なのだということが実感としてよくわかる。

私の友人に空手を稽古している人がいた。やはり公共施設を借りて稽古していたが、門人の一人が自分の敷地に道場を作って提供したいと言ってきた。プレハブの建物だったけれども、自分たちの専用道場が出来たので門人一同たいへんに喜んだ。道場が建って稽古が始まったが、微妙に様子がおかしい。友人がふと思いついて、「もしかして、この道場は、昼間は何か別のことに使っていますか？」と訊いたら、「カラオケ教室に貸してます」という答えが返ってきた。友人は当惑したが、道場を建てて寄贈した門人にしてみると、どうして稽古時間以外に他の団体に時間貸しをしてはいけないのか、その理由がわからない。

カラオケ教室に使った道場を武道の稽古ができる場に「浄化」するためには、それなりの手間ひまがかかるということがわからない。

もちろん、カラオケ教室に使うと道場が衛生上汚くなるということはない。けれども、霊的には汚くなる。その場の利用者たちが場に対する敬意を欠いているからである。

カラオケ教室では、おそらく入退室に際して正面に一礼をするということはないだろう。終わったあとに塵一つ残らないように掃除をして、そっと扉を閉めるということもないだろう。だが、場に対するそのような敬意の欠如は、その後にその場を修業の場として用いる人にはかすかな「痛み」として伝わるのである。武道の修業というのは、まさにそういうことが「感じられる」ような独特の身体感受性の錬磨のために行うのである。

空間がただ空いていれば武道の稽古ができるというものではない。私たちが前に借りていた市立の武道場はアコーディオンカーテン一枚で仕切られた隣が剣道場だった。隣で剣道や空手の稽古をしているときは問題ないのだが、しばしばその剣道場はヒップホップダンスの教室に貸されていた。それは私たちに強い違和感を与えた。稽古への集中があきらかに害された。体育館の事務局に「剣道場なのだから、武道以外の活動には貸さないでほしい」と懇願したのだが、取り合ってもらえなかった。隣の部屋で何をしていようが、稽古の邪魔にはならないだろうと言われた。武道の稽古はただ手足を動かせる空間があればよいというものではない。身体の内側をみつめ、調息や瞑想に集中するためには霊的に清浄な空間が必要なのだという私の意図は職員には伝わらなかった。だから、自分の道場が欲しかったのである。

凱風館道場は七十畳の道場で、公立の武道場に比べれば、半分にも足りない。けれども、武道修業のために特化された空間である。手に触れるものには特に気を使った。畳は熊本の琉球表、壁は漆喰、材木は美山杉と木曽檜。窓のサッシのステンレス以外はすべて自然物である。肌に直接触れるものの触感が「やさしい」ということが武道修業ではきわめて重要だからである。目に入るもの、耳に入る音、手足が触れるもの、匂い、それが「気持ちの良いもの」であれば、私たちは身体感受性を高めることができる。外からの不快な感覚入力を遮断する必要がないからである。

場が人を作る。私はヴォーリズの建物からそのことを学んだ。

（『月刊住職』二〇一七年七月号）

各界第一人者25人による
今こそお寺に言いたいこと

2018年6月15日　第1刷発行

著　者　菅直人、三浦雄一郎、横尾忠則　他
編　者　『月刊住職』編集部
発行者　矢澤 澄道
発行所　株式会社 興 山 舎
〒105-0012 東京都港区芝大門1-3-6
電話 03-5402-6601
振替 00190-7-77136
http://www.kohzansha.com/

印　刷
製　本　株式会社 上野印刷所

ISBN978-4-908027-61-1　C0095
定価はカバーに表示してあります。
落丁・乱丁本はお手数ですが、小社宛にお送りください。
送料小社負担にてお取り替えいたします。